象牙塔之旅·学术写作指导丛书

Style:
The Basics of
Clarity and Grace

(5th Edition)

文风优雅
——让写作清晰优雅的11堂课

【美】约瑟夫·M.威廉姆斯　【美】约瑟夫·毕祖普　/著
Joseph M.Williams　　　　Joseph Bizup

（原书第五版）

赵政廷　/译

上海教育出版社
SHANGHAI EDUCATIONAL
PUBLISHING HOUSE

清晰写作的十大原则

1. 用精悍、具体的主语开头,来描绘文中的角色。
2. 用具体动词描述主要动作。
3. 用主要动词开门见山:
   - 避免冗长的导入性短语和从句。
   - 避免打断主谓连接。
4. 句子开头要用读者熟悉的信息。
5. 将新的、复杂的信息放在句尾。
6. 同一段落中各句开头的主语/主题最好一致。
7. 追求"简洁":
   - 删除无意义的、重复的词。
   - 把一个短语简化为一两个词。
   - 将肯定句转换为否定句。
8. 不要肆意铺展:
   - 不要用从句套从句。
   - 用重复性、总结性或自由式修饰语扩展句子。
   - 句子的延展要结构和谐,要素由短到长排列。
9. 用并列结构营造出平衡和优雅的文风。
10. 总之,面向读者写作时要把自己当成读者。

Contents 目录

前言　　　　　　　　　　　　　001

第一课　理解文风　　　　　　　001
第二课　动作　　　　　　　　　011
第三课　角色　　　　　　　　　031
第四课　衔接与连贯　　　　　　053
第五课　强调　　　　　　　　　067
第六课　动机　　　　　　　　　085
第七课　整体连贯　　　　　　　103
第八课　简洁　　　　　　　　　119
第九课　形态　　　　　　　　　139
第十课　优雅　　　　　　　　　169
第十一课　文风的伦理道德　　　195

索引　　　　　　　　　　　　　225

前　　言

> 大多数人都不会意识到写作是一种技艺。写作,与做其他任何事情一样,都是要通过学习才能掌握的。
> ——凯瑟琳·安妮·波特(Katherine Anne Porter)

本书已付梓五版,是已故的约瑟夫·M.威廉姆斯(Joseph M. Williams)1981年大作《风格:写作的清晰与优雅》(*Style: Lessons in Clarity and Grace*)的缩略版。时至今日,数以万计的写作者在此书的帮助下,将自己的思想更好地传达给了他们的读者。约瑟夫的故交及合作伙伴格雷戈里·G.卡洛姆(Gregory G. Colomb)先生曾牵头本书第四版的编辑和修订工作,他在那一版的开头说:"这满纸的文章本应由约瑟夫来改,能够代笔,我很荣幸。"2011年格雷戈里也驾鹤西去,修订之务落于我肩。抚今追昔,这本应由格雷戈里来改的第五版书稿,如今由我执笔代劳,亦是我的幸事。

在筹备第五版的过程中,我力求协调本书与完整版原作(《风格:写作的清晰与优雅》第十一版)之间的内容。读过第四版的读者会发现,本书部分章节已作调整。原作第九课"整体连贯"扩充为本书的第六课"动机"和第七课"整体连贯"。这样一来,新版的行文根据其标题"文风优雅——让写作清晰优雅的11堂课",从清晰原则讲到优雅技巧,而非按原作从句子层面讲到篇章层面。此外还包括一些微调,如简化注释、更新案例、删减文字、消除歧义,并对引用和抄写材料进行了勘误。

除了这些微不足道的调整,本书保留了约瑟夫原作的精髓,并就以下问题展开探讨:

- 一句话中的哪些成分影响读者的理解?

- 写作时如何对行文进行评判,预测读者的反应?
- 如何对一句话进行修改,让读者感觉更好?
- 如何对行文进行布局,帮助读者把握铺陈手法背后所传达的整体思想?

约瑟夫对这些问题的重要性表达过看法:

> 传统的写作指南忽视了这些问题,总提些老生常谈的建议,如"制定写作方案""避免被动语态"和"考虑读者感受"等,作者在遣词造句雕肝琢肾时统统将其抛诸脑后。我写这段话时,并没有考虑读者,而是努力写清自己的想法。当然,我知道写完后还需要润色(25年以后还要再次润色倒是没想到),在润色时,我会考虑读者,针对草稿确立写作方案。我也知道,这时的确有些用得上的写作原则。

本书将对这些原则进行探讨。前言接下来的部分基本出自约瑟夫,仅由格雷格(Greg)和我做过微调,以便沿用约瑟夫巧妙的第一人称手法,并协调修订后的内容。

原则并非指挥棒

本书探讨的原则读来可能有些指挥的意味,但这绝非作者本意。各位在写作时可以借助这些原则预测读者的反应,决定是否要对文章进行修改,以及如何修改。学习这些原则的过程中,如果写作速度变慢很正常。写作时前思后想会让人变得敏感,行文也会步履维艰。当然,一切都会过去。只要记住这些原则不是教你怎么拟稿,而是如何改稿,写作过程自然恢复顺畅。倘若让我说拟稿的首要原则,就是别去听那些"写作指南"。

不过,要高效地对文章进行修改,需要了解以下几点:

- 若干语法方面的术语,即主语、动词、名词、主动语态、被动语态、从句、介词和并列结构等。
- 三个"老词"背后的新意,即话题、强调和主题。

- 五个冷门术语,即名词化结构、后设论述、复指式修饰语、总结式修饰语和自由式修饰语。

最后,假如您打算自学本书,请慢慢来,因为本书并非您一口气可以看完的骈俪散文。不妨一次看几页,徐徐图之,辅以实务——修改他人作文,修改本人旧作,最后修改当日所作内容。

若您认为本书介绍的原则有用,需要更系统的写作风格指引及改稿训练,请参阅完整版原作《风格:写作的清晰与优雅》第十一版,ISBN 10:0-321-89868。

致谢

承接约瑟夫大作的修订任务让我荣幸又惶恐,唯恐力有不逮。在此感谢朗文出版社凯瑟琳·格林(Katharine Glynn)托付重任,其精湛的编辑水平让我受益匪浅;感谢希斯·巴莱特(Heather Barrett)对全书引文进行细致翔实的核对;感谢艾米·贝内特·曾吉安(Amy Bennett-Zendzian)在校对方面予以协助;一并致谢波士顿大学及各地的同事,能够同我探讨约瑟夫的理念,帮助本书更上一层楼;遥想2008年约瑟夫旁听我指导的写作课程后的一席谈话,我要对他表示感激;格雷戈里·卡洛姆是我的精神导师和职业引路人,只字片语道不尽感激之情;最后,感谢安玛丽(Annmarie)、格蕾丝(Grace)和夏洛特(Charlotte)与我共享天伦之乐。

约瑟夫·毕祖普(Joseph Bizup)

纪念约瑟夫·M.威廉姆斯(1933—2008)

旷世巨匠

2008年2月22日,杰出学者、优秀教师、我的挚友约瑟夫·M.威廉姆斯从此陨落。近三十载,约瑟夫与我一同教学、研究、著书立说,一同饮酒、郊游、舌战群儒,当然我们之间也常有论战。约瑟夫戏称,我们俩在上版修订时有过数次"唾沫横飞的争论",但这种争论让我们变得亲密无间,写作时也考虑得更为周全。虽然在争论时,我觉得他犯了错,但不得不承认,他是最优秀的。

标题中的悼文"旷世巨匠"(il miglior fabbro)旨在体现约瑟夫在专业领域的崇高地位。这是但丁献给12世纪游吟诗人阿尔诺·达尼埃尔(Arnaut Daniel)的称号,普鲁塔克(Plutarchus)亦称阿尔诺为诗人中的"大成者"。20世纪,T.S.艾略特(T. S. ELIot)曾将此美誉献给埃兹拉·庞德(Ezra Pound)。平心而论,这几位大诗人的作品并非以清晰优雅见长,而是因高深莫测流传于世。但无论如何,他们都属于诗坛翘楚,一如约瑟夫在写作领域的地位。而约瑟夫的无与伦比之处在于,他的理念每时每刻都在影响世界各地诞生的文章,各类论文、报告、备忘录或其他文案都因这种理念变得流畅自如,其贡献与功德无可估量。

格雷戈里·G.卡洛姆(Gregory G. Colomb)

纪念格雷戈里·G.卡洛姆(1951—2011)

> 最大的快乐并非取决于随缘而至的生活境况,而是来源于良善的品行、健康的身心、合适的工作以及追求一切正当事业的自由。

上文出自托马斯·杰斐逊(Thomas Jefferson),由格雷戈里之女选作其父悼文。毫无疑问,格雷戈里在一生中践行了杰斐逊倡导的理念。引用杰斐逊之言也许是无心插柳,却恰到好处。这段出自《弗吉尼亚笔记》(Notes on the State of Virginia)的文字并非虚无缥缈的感想,而是针对后来格雷戈里倾注毕生心血的教育事业的务实倡议。当年杰斐逊疾呼要在儿童心中"播撒美德的种子",待他们长大成人后,"他们就能懂得如何获得最大的人生快乐"。格雷戈里是良师中的楷模,门下弟子不计其数,社会上不少律师、会计、记者甚至教授都做过他的学生。格雷戈里的谆谆教导帮助他们提高了思维和写作水平。只要有幸结识他,愿意跟他学,生活总能变得更美好。对于做学问,他锱铢必较,面对别人的请教,他又倾囊相授,高度的自信让他在褒奖他人时毫无保留。他永远笑容可掬,永远能讲出最精彩的桥段。格雷戈里一生传道授业无数,最可贵的是,他本人就是值得效仿的典范。

第一课

理解文风

> 言之有物，力求清晰，这是写作的不二法门。
>
> ——马修·阿诺德（Mattew Arnold）

清晰和理解

本书执守两个信条：其一，写作清晰是一件好事；其二，每个人都能做到这一点。第一个信条不言自明，那些经常读到类似下面这种句子的人对此深有体会：

> An understanding of the causal factors involved in excessive drinking by students could lead to their more effective treatment.
> 对学生饮酒过量有关的诱发因素的理解会导致对他们的治疗更加有效。

但是，在那些想要清晰地写作，却又无法写出下面这样句子的人看来，第二个信条就有点过于乐观了：

> We could more effectively treat students who drink too much if we understood why they do so.
> 如果知道酗酒的学生为什么酗酒，我们就能更有效地治疗他们。

清晰写作是一项高难度甚至艰巨的任务，它已经困扰了一代又一代的写作者——他们想要表达的东西不仅读者看不懂，甚至有时连他们自己都看不懂。当我们在政府规章中看到这样的文字时，我们称之为"官腔"（bureaucratese）；当我们在法律文件中看到这样的文字时，我们称之为"法律腔"（legalese）；当我们看到学术写作中将一丁点思想拉扯成一堆无意义的抽象概念时，我们称之为"学术腔"（academese）。不管是有意为之还是无心之失，这种晦涩的文字都是普罗大众所不能忍受的。

晦涩文风的诱惑

在关于英文文风的著名文章中，有一篇是《政治和英语》（*Politics and the English Language*）。在这篇文章里，乔治·奥威尔（George Orwell）剖析了政治人物、学者和其他人士晦涩难懂的语言：

> The keynote [of a pretentious style] is the elimination of simple verbs. Instead of being a single word, such as break, stop, spoil, mend, kill, a verb becomes a phrase, made up of a noun or adjective tacked on to some general-purposes verb such as prove, serve, form, play, render. In addition, the passive voice is wherever possible used in preference to the active, and noun constructions are used instead of gerunds (by examination of instead of by examining).

> [文风矫揉造作的]的核心特点就是排斥简单动词。对 break、stop、spoil、mend、kill 之类单个的动词弃之不用，而是用一些由名词或形容词与 prove、serve、form、play、render 之类的通用动词搭配在一起组成的词组或短语。而且，只要有可能，被动语态的使用就会优先于主动语态，动名词也往往被换成名词结构（比如，用 by examination of，而不用 by examining）。

但是在谴责这种文风的时候，奥威尔自己也用了这种文风。他本应写得更简洁：

> Pretentious writers avoid simple verbs. Instead of using one word such as break, stop, kill, they turn the verb into a noun or adjective, then tack onto it a general-purpose verb such as prove, serve, form, play, render. Whenever possible, they use the

passive voice instead of the active, and noun constructions instead of gerunds (by examination instead of by examining).

矫情的作家不爱用简单动词。他们不用 break、stop、kill 之类单个的动词，而是把动词换成名词或形容词，再搭配诸如 prove、serve、form、play、render 之类的通用动词。只要能用被动语态，他们就不用主动语态，能用名词结构就不用动名词（比如，用 by examination of 代替 by examining）。

喜欢批判别人文风晦涩的批评家尚且免不了采用这样的文风，我们也就不必对政治人物或学者的晦涩文风感到惊讶了。

关于社会科学的用语：

[A] turgid and polysyllabic prose does seem to prevail in the social sciences ... Such a lack of ready intelligibility, I believe, usually has little or nothing to do with the complexity of thought. It has to do almost entirely with certain confusions of the academic writer about his own status.

—— C. Wright Mills, *The Sociological Imagination*

难懂的、充斥着多音节词的文章在社会科学领域好像很流行……这么难懂的文字，我相信跟思想的复杂性没什么关系，即使有关系，也微乎其微。这几乎全然是因为学术写作者对自身状态的某种困惑所致。

——C. 赖特·米尔斯《社会学的想象力》

关于医学用语：

[I]t now appears that obligatory obfuscation is a firm tradition within the medical profession ... This may explain why only the most eminent physicians, the Cushings and Oslers, feel free to express themselves lucidly.

——Michael Crichton, "Medical Obfuscation: Structure and Function," *New England Journal of Medicine*

文章一定要写得语焉不详,这在医疗界好像是一个牢固的传统了……这也许解释了为什么只有最杰出的医生,比如库欣医生①和奥斯勒②医生才能很清楚地让别人明白他们的意思。
——迈克尔·克莱顿《医疗困惑:结构和功能》
《新英格兰医学期刊》

关于法律用语:

[I]n law journals, in speeches, in classrooms and in courtrooms, lawyers and judges are beginning to worry about how often they have been misunderstood, and they are discovering that sometimes they can't even understand each other.
——Tom Goldstein, *The New York Times*

在法律期刊中,在谈话中,在教室里,在法庭上,律师和法官都开始担心他们已经被误解了不知道多少次了,他们还发现有时候他们甚至彼此都不明白对方是什么意思。
——汤姆·戈德斯坦《纽约时报》

关于自然科学用语:

But there are times when the more the authors explain [about ape communication], the less we understand. Apes certainly seem capable of using language to communicate. Whether scientists are remains doubtful.
——Douglas Chadwick, *The New York Times*

---

① 哈维·W.库欣(Harvey Williams Cushing,1869-1939),美国首位专职的神经外科医生,脑外科的先驱者,描述库欣病的第一人。他还撰写了《奥斯勒传记》(*Life of Sir William Osler*),并荣获1926年普利策奖。——译者注
② 威廉·奥斯勒(William Osler,1849-1919),加拿大医学家、教育家,被誉为"现代医学之父"。他著有《临床内科原理》(*Internal Medicine*),是内科标准教科书,多次再版并被译成多国文字。——译者注

有时会出现这样的情况,作者越解释[猿是如何交流的],我们就越不明白。看来,猿肯定是能用语言交流的。但是科学家们能不能可就不好说了。

——道格拉斯·查德威克《纽约时报》

我们大多数人都是在课本里第一次看到这类的文字的,比如下面这句话:

> Recognition of the fact that systems [of grammar] differ from one language to another can serve as the basis for serious consideration of the problems confronting translators of the great works of world literature originally written in a language other than English.

一种语言和另一种语言的[语法]体系是不同的,认识到这一点,我们才能意识到翻译原本用不是英语的另一种语言写的世界名著的翻译者所遇到的困难。

用简化一半的话来说,就是:

> When we recognize that languages have different grammars, we can consider the problems of those who translate great works of literature into English.

认识到不同的语言有不同的语法之后,我们就能意识到那些把世界名著翻译成英文的人所遇到的困难了。

一代又一代的学生跟这种内容庞杂而又晦涩难懂的文风作斗争,很多人觉得自己不够聪明,很难抓住作者深层次的想法。有些人觉得还好,但是更多的人会抱怨作者怎么连这点东西都写不清楚(或是不愿写清楚)。很遗憾,很多学生就这样放弃了;但不幸的是,有些学生不仅读这样的文章,还写这样的文章,并将其硬塞给读者,从而让把文章写得晦涩难懂这一可怕的传统得以延续。

文风晦涩的个人原因

文风晦涩是一个社会问题，但也有个人原因。有的作者文章写得臃肿冗长，是因为他们认为复杂的句子会显得更有深度。当我们自己都不知道要说些什么的时候，通常会用一堆抽象的词语堆砌成复杂冗长的句子加以掩饰。

有的人也不是故意要把文章写得缺乏美感，而是他们总有一个想法，认为好的作品必须做到连语法学家也找不出差错。所以，当他们面对一张白纸时，他们没把那儿当成一个可以驰骋思想的地方，而是当成了布满潜在错误的雷区。他们小心翼翼地爬格子，关心的是不要出错，而不是怎样让读者理解自己。

还有些人文风不清晰是因为他们害怕，特别是当他们学着在一个新的学术或专业领域思考和写作的时候。我们大多数人写自己正在努力掌握的新东西的时候都不如写自己了解的东西时写得好。如果你觉得正是这样，那么请记住：你对自己要写的东西了解得越清楚，就会写得越清晰。

但是我们大多数人文风不清晰的最大原因是我们不知道什么情况下读者会觉得没写清楚，更不知道为什么他们会这样觉得。我们比读者更能读懂自己写的东西，觉得那就是我们想要表达的意思。所以，当我们觉得写清楚了就发出去了，没有想着通过修改让读者也能看得懂。

在所有这些问题当中，有一个极大的讽刺：当我们针对一个连自己都疑惑不解的主题来写作时，所写出来的东西很可能会让别人感到更加困惑。但是当我们不明白到底什么是晦涩文风的时候，我们太容易把那种晦涩当成思想深邃的象征，然后极力效仿，使本就令人困惑的文章愈发难懂。

写作和阅读

这是一本从阅读习惯的角度来讨论如何写作的书。我们一旦能够判断一个句子到底是晦涩抽象还是清晰明了，那么当别人把一件事情写得比实际更复杂的时候你就能辨别。不仅如此，当自己出现这种情况的时候也能辨别。问题在于，没有一个人能像别人那样来评价自己的作品，因为我们更容易理解自己头脑中的思想，而不是落于纸上的文字。当你能察觉自己写的文字会带给读者什么样的感受时，你就能避开这个陷阱。

你也可以在阅读的时候尝试一下，这个原则同样适用。当面对一篇很难读的文章时，你会知道要从文章本身出发，确定你所面临的困难究竟是源于材料本身必要的复杂还是写作上不必要的复杂。如果是后者，在脑海里运用这些原则来修改文章，把那些抽象的、不直接的文字改成你能更好理解的（同时，知道自己能把这种文章写得更清晰明了也会让你暗喜）。

写作和改写

一个警告：如果在你打草稿的时候就考虑这些原则，那么你可能永远也完不成草稿。大多数有经验的作者都是尽快把东西写下来，然后修改初稿，让它更清晰，他们也因此能更好地理解自己的想法。当他们能更好地理解自己的想法时，写作时就能表达得更清楚；他们表达得越清楚，理解得也就越透彻——就这样周而复始，直到精力、兴趣或者时间耗尽。

对于极少数幸运的人来说，用几周、几个月甚至是几年的时间就能完成写作。而对大多数人来说，截稿时间就在明天早上，所以我们必须将不那么完美的文章作为定稿，我们只能尽量做好（追求完美固然理想，但那也意味着永无定稿之日）。

所以，千万别把本书中所讲的都当成规则去套在你写的每一个句子上，而是要把它当成指导原则，帮你辨别哪些句子可能会给你的读者带来困扰，然后再对那些句子进行修改。

尽管清晰性十分重要，但有些时候我们应该追求更多。

Now the trumpet summons us again—not as a call to bear

arms, though arms we need; not as a call to battle, though embattled we are—but a call to bear the burden of a long twilight struggle, year in and year out, "rejoicing in hope, patient, in tribulation"—a struggle against the common enemies of man: tyranny, poverty, disease and war itself.

——John F. Kennedy, Inaugural Address, January 20, 1961

现在号角再次吹响——不是召唤我们扛起武器,虽然我们需要武器;不是召唤我们去战斗,虽然我们随时准备战斗——而是召唤我们承担起黎明前的漫长的斗争,年复一年,"在希望中欢乐,在苦难中忍耐"——这是一场针对人类共同的敌人——暴政、贫穷、疾病和战争本身——的斗争。

——约翰·F.肯尼迪《就职演说》
1961.1.20

没有几个人会被要求写一篇总统就职演说,但即便是在不那么隆重的场合,写出一个优美的句子还是会让人略感自得,哪怕根本没人会注意。如果你不仅喜欢写句子,还喜欢精心设计它们,那么你会在第十课中得到一些想法。不管你写得有多清晰,写作都不仅仅是写一个接一个的句子,所以,在第七课里,我给出了一些把句子连缀成篇的方法。写作也是一个社会行为,其宗旨是服务于读者,使其受益,故而我在第十一课谈到了有关写作伦理的问题。

多年前,H. L. 门肯(H. L.Mencken)这样写道,

With precious few exceptions, all the books on style in English are by writers quite unable to write ... Their central aim, of course, is to reduce the whole thing to a series of simple rules—the overmastering passion of their melancholy order, at all times and everywhere.

——"The Fringes of Lovely Letter"

除了少数几个例外,所有关于英文文风写作书的作者都不擅

写作……他们的主要目的,当然就是把一个整体性的东西变成一连串的简单规则——他们对那些令人沮丧的规则的激情无时不在,无处不在。

——《游走在可爱信件的边缘》

　　门肯是对的。没有谁能靠规则学好写作,特别是那些不会看、不会感觉、或者不会思考的人。但我知道仍有很多人确实看得很清楚,感受得很深刻,想得也很仔细,却仍然不能清楚地把他们观察到的东西、感受和想法写下来传递给其他人。我也知道我们写得越清晰就看得更明白,感受得更清楚,想得更透彻。规则不能帮任何人做到这一点,但是一些原则却可以。

　　下面我们就来讲讲这些原则。

第二课

动 作

> 一切能思考的事物都能被清晰地思考。一切能表述的事物都能被清楚地表述。
>
> ——路德维希·维特根斯坦（Ludwig Wittgenstein）

理解我们是怎样做出评价的

有足够的词来称赞我们喜欢的文风——"清晰""直接""简洁"，而批判那些我们不喜欢的文风的词就更多了："不清晰""不直接""抽象""艰涩""复杂"。我们可以用这些词来区分下面这两句话：

1a. The cause of our schools' failure at teaching basic skills is not understanding the influence of cultural background on learning.
我们的学校在教授基本技能方面的不成功的缘由是不明白文化背景对学习的影响。

1b. Our schools have failed to teach basic skills because they do not understand how cultural background influences the way a child learns.
我们的学校在教授基本技能方面不成功，是因为他们不明白文化背景对孩子的学习方式有何影响。

我们大多数人会认为(1a)艰涩而复杂，(1b)则更清晰直接。但是这些评价指的不是任何一个具体的句子，它们指的是我们对这些句子的感觉。当我们说(1a)不清晰，我们是指它理解起来很费劲；当我们要费劲去理解它的时候就会说这个句子很晦涩。

问题是，要搞清楚这两个句子到底为什么会给读者造成这样的感觉。只有这样，你才能超脱出来审视自己的作品，知道读者会认为哪些地方需要修改。要做到这一点,你必须知道一个好故事的核心要义是什么。

分辨故事中的角色和他们的动作

这个句子就有点问题:

2a. Once upon a time, as a walk through the woods was taking place on the part of Little Red Riding Hood, the Wolf's jump out from behind a tree occurred, causing her fright.
从前,穿过树林正发生在小红帽身上,大野狼从树后面的一跳出现引起了她的恐惧。

我们更喜欢这样的句子:

√ 2b. Once upon a time, Little Red Riding Hood was walking through the woods, when the Wolf jumped out from behind a tree and frightened her.
从前,小红帽正穿过树林,一只大野狼从树后跳了出来,把她吓了一大跳。

大多数读者觉得(2b)比(2a)更清晰,这是因为它遵循了两个原则:
- 动词的主语是主角。
- 那些动词表达的是具体的动作。

清晰性原则 1:让主角做主语
看看(2a)里的主语。简单主语(下划线表示)并不是主角(斜体表示):

2a. Once upon a time, as a <u>walk</u> through the woods was taking place on the part of *Little Red Riding Hood*, *the Wolf's*

jump out from behind a tree occurred, causing *her* fright.
从前，穿过树林正发生在小红帽身上，大野狼从树后面的一跳出现引起了她的恐惧。

这些主语并未指明主角是谁；而是用抽象名词（walk 和 jump）的形式指明了动作：

主语	动词
a <u>walk</u> through the woods	was taking place
穿过树林	发生
the Wolf's <u>jump</u> out from behind a tree	occurred
大野狼从树后面的<u>一跳</u>	出现

"大野狼的一跳"这一完整的主语中还包含了一个角色"大野狼"，但"大野狼"不是简单主语，而是成了简单主语"一跳"的附庸。

我们来比较一下用抽象词作主语和用角色（斜体表示）作简单主语（下划线表示）有何不同：

2b. Once upon a time, *Little Red Riding Hood* was walking through the woods, when *the Wolf* jumped out from behind a tree and frightened her.
从前，<u>小红帽</u>正穿过树林，一只<u>大野狼</u>从树后跳了出来，把她吓了一大跳。

清晰性原则 2：让动作用谓语动词表述

现在来看看（2a）里的动作和谓语动词对不上的情况：其中的动作（粗体表示）未用谓语动词（大写表示）来表述，而是用抽象名词来表述的。

2a. Once upon a time, as a **walk** through the woods WAS TAKING place on the part of Little Red Riding Hood, the Wolf's **jump** out from behind a tree OCCURRED, causing her **fright.**

从前,**穿**过树林**正发生**在小红帽身上,大野狼从树后面的**一跳出现**引起了她的**恐惧**。

注意这些谓语动词表达得有多含糊:"发生(was taking)","出现(occurred)"。在(2b)中,谓语动词表述了具体的动作,所以就表达得更清晰:

√ 2b. Once upon a time, Little Red Riding Hood **WAS WALKING** through the woods, when the Wolf **JUMPED** out from behind a tree and **FRIGHTENED** her.

从前,小红帽**正穿过**树林,一只大野狼从树后**跳**了出来,把她**吓**了一跳。

> **要点提示**:(2a)里的句子好像冗长又不直接,两个主要角色"小红帽"和"大野狼"都不是主语,而且他们的动作——"穿过""跳"和"吓了一跳"也不是谓语动词。(2b)里的句子就更直接,主要角色就是主语,他们的动作就是谓语动词。这就是我们更喜欢(2b)的原因。

童话故事和学术/专业写作

童话故事好像跟大学里的学术写作或是专业写作完全是两码事。但事实并非如此,因为绝大多数句子无非都是在讲谁在做什么事情。比较下面两个句子:

3a. The Federalists' argument in regard to the destabilization of government by popular democracy was based on their belief in the tendency of factions to further their self-interest at the expense of the common good.

联邦党人关于广泛民主对政府稳定性破坏的观点是建立于他们相信派系之争有增进他们的私利,损害公共利益的倾向之上的。

√ 3b. The Federalists argued that popular democracy destabilized government, because they believed that factions tended to further their self-interest at the expense of the common good.
联邦党人认为广泛的民主破坏了政府的稳定性,因为他们相信派系之争往往会为谋求私利而损害公共利益。

我们可以像分析小红帽那样来分析这两个句子。

(3a)给人感觉晦涩难懂,有两个原因。首先,它的主要角色不是简单主语。简单主语(下划线表示)是"观点",但是主要角色(斜体表示)是"联邦党人""广泛民主""政府"和"派系之争":

3a. The *Federalists'* argument in regard to the destabilization of *government* by *popular democracy* was based on *their* belief in the tendency of *factions* to further *their* self-interest at the expense of the common good.
联邦党人关于广泛民主对政府稳定性破坏的观点是建立于他们相信派系之争有增进他们的私利,损害公共利益的倾向之上的。

其次,大部分的动作(粗体表示)也不是用动词(大写表示)来表现的,而是用抽象名词:

3a. The Federalists' **argument** in regard to the **destabilization** of government by popular democracy WAS BASED on their **belief** in the **tendency** of factions to FURTHER their self-interest at the expense of the common good.
联邦党人关于广泛民主对政府稳定性**破坏**的观点**是**建立**于**他们**相信**派系之争有**增进**他们的私利,损害公共利益的**倾向**之上的。

看看(3a)的主语有多长、多复杂，它的动词"建立(was based)"表达的意思却是多么微乎其微：

所有主语	动词
The Federalists' argument in regard to the destabilization of government by popular democracy	was based 建立

联邦党人关于广泛民主对政府稳定性破坏的观点

读者认为(3b)更清晰，也有两个原因：主要角色(斜体表示)做主语(下划线表示)，动作(粗体表示)就是用动词(大写表示)来表示的：

> √ 3b. The *Federalists* **ARGUED** that *popular democracy* **DESTABILIZED** government, because *they* **BELIEVED** that *factions* **TENDED TO FURTHER** their self-interest at the expense of the common good
>
> 联邦党人**认为**广泛的民主**破坏**了政府的稳定性，因为他们**相信**派系之争往往会**为谋求**私利而损害公共利益。

同时还要注意所有这些主语都是简短、具体并且有实际意义的：

所有主语/角色	动词/动作
the Federalists(联邦党人)	argued(认为)
Popular democracy(广泛的民主)	destabilized(破坏……的稳定)
they(他们)	believed(相信)
factions(派系之争)	tended to further(会为谋求)

在这一课余下的部分，我们会讲动作和动词，下一课再讲角色和主语。

动词和动作

我们的原则是：句子里的主要动作用动词来表示，句子就会显得清晰。

来看看句子(4a)和(4b)是怎么表现它们的行为的。(4a)里的动作（加粗表示）不是用动词（大写表示），而是用名词来表示的：

4a. Our **lack** of data PREVENTED **evaluation** of UN **actions** in **targeting** funds to areas most in **need** of **assistance**.

我们对数据的**缺乏阻碍了**对联合国把资金**投向**最**需要帮助**地区**行为**的**评估**。

反观(4b)，里面的动作基本上都是用动词表示的：

√ 4b. Because we **LACKED** data, we could not **EVALUATE** whether the UN **HAD TARGETED** funds to areas that most **NEEDED** assistance.

由于**缺乏**数据，我们不能**评估**联合国是否**已将**资金**投向**最**需要帮助**的地区。

如果用了很多抽象名词，尤其是那些由动词和形容词转化来的名词和以-tion、-ment、-ence等结尾的名词，读者就会觉得你写的东西很难看懂，用那些抽象名词作动词主语时更是如此。

由动词或形容词转化来的名词有个专门的名称叫名词化结构（nominalization）。顾名思义，这个词的意思就是：当我们把一个词"名词化"（nominalize）时，我们就创造了一个名词化结构。试看以下示例：

动词→名词化结构　　　　　形容词→名词化结构
discover→ discovery（发现）　careless → carelessness（粗心）

resist → resistance(抵抗)　　different → difference(不同)
react → reaction(反应)　　　proficient → proficiency(流利)

我们还可以在一个动词后面加-ing 来把这个动词变成名词(动名词)：

She flies → her flying　　　We sang → our singing
（她飞行→她的飞行）　　　（我们唱歌→我们的歌）

一些名词化结构和动词是一模一样的：

hope → hope　　　result → result　　　repair → repair
（希望→希望）　　（结果→结果）　　　（维修→维修）

We **REQUEST** that you **REVIEW** the data.
我们**要求**你们**审查**一下数据。
Our **request** is that you conduct a **review** of the data.
我们的**要求**是你们执行一次对数据的**审查**。

还有一些动作会藏匿于形容词中：it's applicable(可适用的) → it applies(可适用于)。还有一些其他的像 indicative(象征的)、dubious(可疑的)、argumentative(好争辩的)、deserving(值得的)。

没有什么比用大量的名词化结构(特别是用这些词做主语)更能代表晦涩难懂的学术写作和专业写作的特点了，这种文风让人觉得抽象、不直接并且难以阅读。

> **要点提示**：我们上小学时就知道主语就是角色(或"动作实施者")，动词就是动作。情况往往确实是这样：
>
> | 主语 | (谓语)动词 | 宾语 |
> |---|---|---|
> | We(我们) | discussed(讨论) | the problem(问题). |
> | 动作实施者 | 动作 | |

> 但对意思几乎相同的句子来说却并不正确：
>
> 主语　　　　　（谓语）动词
> The problem　　　was　　　the topic　　　of our discussion.
> （问题）　　　（是）　　（主题）　　（我们讨论的）
> 　　　　　　　　　　　　角色　　　　动作
>
> 我们可以把角色和动作在句子里调换位置，主语和动词不一定是特定的东西。但当你在大部分句子里用角色做主语，用动词表示动作时，读者就有可能会觉得你的文章清晰、直接并且可读性强。

诊断和修改：角色和动作

你可以用"动词表示动作，角色做主语"的原则来理解读者对你文章好坏的评判。更重要的是，你还可以借助这些原则来识别那些你自己觉得清晰明了但读者觉得含糊不清的句子，并对它们进行修改。修改有三个步骤：诊断、分析和重写。

1. 诊断

a. 忽略简短的（4—5个词的）导入性词语，把每个句子前面的7—8个词标下划线。

　　The outsourcing of high-tech work to Asia by corporations means the loss of jobs for many American workers.
　　公司把高科技工作外包给亚洲国家就意味着很多美国工人要失去工作。

b. 然后来看两个结果：
● 把做主语的抽象名词（加粗表示）标了下划线。

　　The **outsourcing** of high-tech work to Asia by corporations means the loss of jobs for many American workers.

公司把高科技工作**外包**给亚洲国家就意味着很多美国工人要失去工作。

- 把句子的前 7—8 个词标了下划线,然后才出现了动词(大写表示)。

  <u>The outsourcing of high-tech work to Asia</u> by corporations(10 words) MEANS the loss of jobs for many American workers.

  公司把高科技工作外包给亚洲国家(10 个词)就意味着很多美国工人要失去工作。

2. 分析
a. 判定谁才是你句子的主要角色,特别是那些有血有肉的角色(关于这个会在下一课有更多的讨论)。

   The outsourcing of high-tech work to Asia by *corporations* means the loss of jobs for *many American workers*.

   公司把高科技工作外包给亚洲国家就意味着很多美国工人要失去工作。

b. 然后找一下那些角色实施的动作,尤其是那些由动词转化来的抽象名词里所包含的动作。

   The **outsourcing** of high-tech work to Asia by corporations means the **loss** of jobs for many American workers.

   公司把高科技工作**外包**给亚洲国家就意味着很多美国工人**要失去**工作。

3. 改写
a. 如果表示动作的是名词化结构,那就把它们变成动词。

outsourcing → outsource   loss → lose

外包（名词）→ 外包（动词）   失去（名词）→ 失去（动词）

b. 让角色来做动词的主语。

corporations outsource   American workers lose

公司　　　　外包   美国　　工人　失去

c. 用从属连词来改写句子，比如，because，if，when，although，why，how，whether，or that（因为、如果、当……的时候、虽然、为什么、怎么样、是否、那么）等。

√ Many middle-class American workers are losing their jobs, **because** corporations are outsourcing their high-tech work to Asia.

美国很多中产阶级工人正失去工作，**因为**公司把高科技工作外包给了亚洲国家。

一些常见模式

你可以快速发现并修改五种常见模式的名词化结构。

1. 名词化结构做主语，动词是诸如 be，seem，has 之类的虚动词。

The **intention** of the committee <u>IS</u> to audit the records.

委员会的**目的**<u>是</u>审计记录。

a. 把名词化结构变成动词。

intention → intend

意图（名词）→ 打算（动词）

b. 找一个可以做那个动词主语的角色。

   The intention of the *committee* is to audit the records.
   委员会的目的是审查记录。

c. 把这个角色拿来做动词的主语。

   The *committee* **INTENDS** to audit the records.
   委员会**打算**审计记录。

2. 名词化结构跟在虚动词后面。

   The agency CONDUCTED an *investigation* into the matter.
   局里对这件事进行了**调查**。

a. 把名词化结构变成动词：

   investigation → investigate
   调查（名词）→ 调查（动词）

b. 用一个新的动词来代替虚动词：

   conducted → investigated
   进行　　 →　　调查

   √ The *agency* **INVESTIGATED** the matter.
   局里**调查了**这件事。

3. 一个名词化结构是虚动词的主语，另一个名词化结构紧随其后。

Our **loss** in sales WAS a result of their **expansion** of outlets.

我们销售额的**减少**是他们直销店的**扩张**造成的结果。

a. 把名词化结构转化为动词：

loss → lose 　　　　expansion → expand
减少（名词）→减少（动词）　　扩张（名词）→扩张（动词）

b. 找出可以做那些动词主语的角色：

Our **loss** in sales WAS a result of *their* **expansion** of outlets.

我们销售额的**减少**是他们直销店的**扩张**造成的结果。

c. 用那些角色充当动词的主语：

we　　lose　　they expand
我们　减少　　他们　扩张

d. 用连接词把新的从句连接起来：
- 表示简单原因的：because, since, when（因为、由于、当……的时候）。
- 表示条件原因的：if, provided, that, so long as（如果、假如、倘若、只要）。
- 表示转折原因的：though, although, unless（然而、尽管、除非）。

√ We **LOST** sales because they **EXPANDED** their outlets.

我们销售额的**下降**是因为他们**扩张**了直销店。

4. 跟在 there is 或 there are 后的名词化结构。

There IS no **need** for our further **study** of this problem.
我们对这个问题的进一步**研究**是没有**必要**的。

a. 把名词化结构变成动词：

　　need → need　　　　　　　study → study
　　需要（名词）→需要（动词）　　研究（名词）→研究（动词）

b. 找出可以做动词主语的角色：

　　There IS no **need** for our further **study** of this problem.
　　我们对这个问题的进一步**研究**是没有**必要**的。

c. 把角色用来充当动词的主语：

　　no need → we need not　　　our study → we study
　　没有需求→我们不需要　　　　我们的研究→我们研究

　　√ We **NEED** not **STUDY** this problem further.
　　　我们没**必要**继续深入**研究**这个问题。

5. 用介词连接起来的两到三个名词化结构。

　　We did a **review** of the **evolution** of the brain.
　　我们对大脑的**演进**进行了**回顾**。

a. 把第一个名词化结构转化为动词：

　　review → review
　　回顾（名词）→ 回顾（动词）

b. 保留第二个名词化结构，或者将其转化为一个动词，放在由 how 或 why 引导的从句中：

> evolution of the brain → how the brain evolved
> 大脑的演进过程 → 大脑是如何演进的
> First, we **REVIEWED** the **evolution** of the brain.
> 首先，我们回顾了大脑的演进过程。
> First, we **REVIEWED** how the brain **EVOLVED**.
> 首先，我们回顾了大脑是如何演进的。

让人满意的结果

当你坚持用动词来表达主要动作时，读者就会感觉舒服许多：

1. 句子会更具体。试比较下面两个句子：

> There WAS an affirmative **decision** for **expansion**.
> 扩张得到了肯定的决定。
> √ The director **DECIDED** to **EXPAND** the program.
> 经理**决定扩展**这个项目。

2. 句子会更简洁。用名词化结构时，你不得不用诸如 a、the 之类的冠词和 of、by、in 之类的介词。如果用动词加连词的话，就用不着它们了：

> A **revision** of the program WILL RESULT in **increases** in our **efficiency** in the **servicing** of clients.
> 程序的调整会导致我们对客户服务效率的提高。
> √ If we **REVISE** the program, we **CAN SERVE** clients more **EFFICIENTLY**.
> 如果我们**调整**程序，就**能**更**有效地服务**客户。

3. 句子的逻辑会更清晰。当你把动词名词化的时候，你不得不用模糊的介词和短语 of、by、on the part of 来连接动作。但用动词的时候，你可以用能更好表现逻辑关系的从属连词 because、although、if 把分句连接起来。

> Our more effective presentation of our study resulted in our success, despite an earlier start by others.
> 对我们研究成果更有效的展示会带来成功，虽然别人有个更早的开始。
> √ **Although** others started earlier, we succeeded **because** we presented our study more effectively.
> 虽然别人启动得更早，但是我们成功了，因为我们更有效地展示了我们的研究成果。

4. 句子讲述的故事更连贯。名词化结构会打乱动作顺序。（数字表示的是真实的事件顺序。）

> Decisions[4] in regard to administration[5] of medication despite inability[2] of an irrational patient appearing[1] in a trauma center to provide legal consent[3] rest with the attending physician alone.
> 关于实施[5]药物治疗的决定[4]，哪怕是一个出现[1]在创伤中心的病人对在法律意义上同意[3]治疗也无能为力[2]，只有主治医师能做。

把这些动作都改成动词并重新排序，就会看到更连贯的叙述。

> √ When a patient appears[1] in a trauma center and behaves[2] so irrationally that he cannot legally consent[3] to treatment, only the attending physician can decide[4] whether to medicate[5] them.
> 当一个病人出现[1]在创伤中心，并且表现[2]得很不理智，不能在法律意义上同意[3]治疗的时候，只有主治医师才能决定[4]是否要给予药物治疗[5]。

限定情况：有用的名词化结构

我一直提醒大家把名词化结构转化成动词，因此你们可能会认为只要是名词化结构都不能用。但事实上，如果没有这些名词化结构，也写不出好文章。关键是我们要知道哪些名词化结构要保留，哪些要修改。下面这些情况下都是要保留的：

1. 这个名词化结构做主语可以很简短地指代前面的句子。

> √ **These arguments** all depend on a single unproven claim.
> **这些论点**都建立在一个孤立的尚未被证实的说法基础上。
> √ **This decision** can lead to positive outcomes.
> **这个决定**会带来积极的结果。

这些名词化结构用一种很流畅的方式把句子和句子连接起来，这点我会在第四课详细讲解。

2. 这个名词化结构可以代替 The fact that 这样笨拙的句子。

> The fact that she **ADMITTED** her guilt impressed me.
> 她**承认**犯罪的这个事实让我印象深刻。
> √ Her **admission** of her guilt impressed me.
> 她对罪行的**供认不讳**让我印象深刻。

不过，为什么不试试这样写：

> √ She **IMPRESSED** me when she **ADMITTED** her guilt.
> 她**认罪**时让我**印象深刻**。

3. 这个名词化结构可以代表动词的宾语。

I accepted what she **REQUESTED** [that is, She requested **something**].

我接受了她所**要求的**[也就是说,她要求了**某样东西**]。

√ I accepted her **request**.

我接受了她的**要求**。

4. 这个名词化结构指的是一个大家都熟悉的概念,读者会把它当成一个角色(下一课我们会对此进行更多讨论):

√ Few problems have so divided us as **abortion** on **demand**.
很少有问题会像**自愿堕胎**一样让我们产生如此之大的分歧。

√ The Equal Rights **Amendment** was an issue in past elections.
《平等权利**修正案**》在历次**选举**中都是一个议题。

√ **Taxation** without **representation** did not spark the American **Revolution**.
无代表权的征税没有引发美国的**独立战争**。

你一定要让自己有能力区分哪些名词化结构表达的是大家熟知的概念,哪些又是要改用动词的:

There is a **demand** for a **repeal** of the car tax.
人们有**废除**汽车税的**要求**。

√ We **DEMAND** that the government **REPEAL** the car tax.
我们**要求**政府**废除**汽车税。

18

第三课

角　色

失去了角色，也就失去了一切。

——轶名（Anonymous）

角色的重要性

当读者可以通过动词看到主要动作时，就会觉得这个句子很清晰、很直接。试比较一下（1a）和（1b）：

1a. The CIA feared the president would recommend to Congress that it reduce its budget.
中情局担心总统会建议国会要它削减它的预算。
1b. The CIA had fears that the president would send a recommendation to Congress that it make a reduction in its budget.
中情局一直有种担心，那就是总统会向国会提出建议，对它的预算做削减。

大多数读者认为（1a）比（1b）要清楚，但也没有清楚很多。现在来比较一下（1b）和（1c）：

1b. The CIA had fears that the president would send a recommendation to Congress that it make a reduction in its budget.
中情局一直有种担心，那就是总统会向国会提出建议，对它的预算做削减。
1c. The fear of the CIA was that a recommendation from the president to Congress would be for a reduction in its budget.
中情局担心的是总统给国会的建议会是一个对其预算的削减。

大部分读者会认为(1c)远没有(1a)或(1b)清楚。

原因是(1a)和(1b)里,重要的部分都是短且具体的动词(大写表示)主语(下划线表示):

1a. The CIA FEARED the president WOULD RECOMMEND to Congress that it REDUCE its budget.

中情局担心总统会建议国会要它削减它的预算。

1b. The CIA HAD fears that the president WOULD SEND a recommendation to Congress that it MAKE a reduction in its budget.

中情局一直有种担心,那就是总统会向国会提出建议,对它的预算做削减。

但是在(1c)里,做简单主语的两个词(下划线表示)并不是实际的角色,而是抽象的(加粗表示)。

1c. The **fear** of the CIA WAS that a **recommendation** from the president to Congress WOULD BE for a **reduction** in its budget.

中情局的担心是总统给国会的建议会是一个对其预算的削减。

(1a)和(1b)里不一样的动词给句子带来了些许不同,但是(1c)里抽象的主语让句子太不一样了。更糟的情况是,角色被完全删掉了,就像这样:

1d. There WAS **fear** that there WOULD BE a **recommendation** for a budget **reduction**.

有担心,可能会有预算削减的建议。

谁感到担心? 谁提出建议? 读者可能会根据句子的上下文猜出

来,但是如果上下文模糊不清,就有猜错的风险了。

> **要点提示**:读者希望用动词来表述动作,但他们更希望用人物来做主语。如果我们毫无缘由地不用人物做主语,甚至把它们完全省略掉,就会给读者造成困扰。用动词来表述动作很重要,但是文风清晰的首要原则是:用故事中的主要人物做大部分动词的主语。

诊断和修改:角色

要让角色做主语,你必须要知道三件事:
1. 什么时候主语不是角色;
2. 如果主语不是角色,怎样找到做主语的角色;
3. 找到了(或没找到)角色之后,应该怎么做。

例如,下面这个句子会让人觉得不直接,而且冷冰冰的:

Governmental intervention in fast-changing technologies has led to the distortion of market evolution and interference in new product development.

日新月异的科技中的政府干预导致了市场发展的扭曲和对新产品开发的干涉。

我们可以来诊断这个句子:
1. 给前七八个词标出下划线:

<u>Governmental intervention in fast-changing technologies has led</u> to the distortion of market evolution and interference in new product development.

<u>日新月异的科技中的政府干预导致了</u>市场发展的扭曲和对新产品开发的干涉。

在开头的几个词中,读者希望找到角色,他们希望这些角色不仅仅包含在所有动词的主语中,就像"政府的(governmental)"中蕴含着"政府(government)"一样,就是主语。但是,在上例中并不是这样。

2. 找出主要角色。主要角色可能是名词化结构中的物主代词,可能是介词(特别是"by"和"of")后的宾语,也可能只是暗藏于某处。在上面那个句子里,一个主要角色就藏在形容词"governmental(政府的)"里,另一个角色是"market(市场)",藏在介词宾语里:"of market evolution(市场发展)"。

3. 浏览文章,找出与那些角色有关的动作,特别是那些藏在名词化结构里的动作。尝试问"谁在做什么?"。

governmental **intervention**	→ √	government **intervenes**
政府的**干预**		政府**干预**
Distortion	→ √	[government] **distorts**
扭曲		[政府]**扭曲**
market **evolution**	→ √	markets **evolve**
市场**发展**		市场**发展**
interference	→ √	[government] **interferes**
干涉		[政府]**干涉**
Development	→ √	[market] **develops**
发展		[市场]**发展**

修改的方法是,用 if, although, because, when, how 和 why(如果、虽然、因为、当……时、怎样和为什么)之类的连接词把这些新的主语和动词重新组合成一个句子。

√ When a government **INTERVENES** in fast-changing technologies, it **DISTORTS** how markets **EVOLVE** and **INTERFERES** with their ability to **DEVELOP** new products.

当政府**干预**飞速发展的科技时,它**扭曲**了市场**发展**的方式,

干涉了它们**发展**新产品的能力。

注意,就像动作可以暗藏在形容词中一样,比如:reliable(可依赖的)→rely(依赖),角色也可以:

Medieval theological debates often addressed issues considered trivial by modem philosophical thought.
中世纪的神学辩论常常讨论那些现代哲学思想认为微不足道的事情。

当你找到暗藏在形容词里的角色,就可以用同样的方法来修改了:

√ Medieval theologians often debated issues that modern philosophers consider trivial.
中世纪的神学家常常争论那些现代哲学家认为微不足道的事情。

> **要点提示**:诊断一篇结构复杂的文章,首先要看主语。如果看到主要角色不是用简单主语来表述的,你就必须要找到它们。它们可能暗藏在介词宾语中,在物主代词里,或者在形容词中。一旦找到它们,就要找出与之相关的动作。修改文章时,让那些角色做表现动作的动词的主语。阅读文章时,试着用那些角色和他们的动作来复述文章里的故事。

重建缺席的角色

什么角色都没有的句子,最令读者头疼:

A decision was made in favor of doing a study of the disagreements.

做了一个赞成对反对意见开展研究的决定。

这个句子可以理解为下面这两个句子的任何一个,也可以理解成别的意思:

> We decided that I should study why they disagreed.
> 我们决定我应该研究一下为什么他们会反对。
> I decided that you should study why he disagreed.
> 我决定让你去研究一下为什么他会反对。

作者可能知道谁在做什么,但读者不知道,所以常常需要帮助。在做一般性陈述时,我们可能会省略角色:

22

> Research strategies that look for more than one variable are of more use in understanding factors in psychiatric disorder than strategies based on the assumption that the presence of psychopathology is dependent on a single gene or on strategies in which only one biological variable is studied.
> 寻求多个变量的研究策略在了解引起精神紊乱的因素方面比建立在精神病理是源于某个基因的假设之上的策略或是只研究一种生物变量的策略要有用得多。

当我们试着把它修改得更清晰时,就需要构想一些角色,然后再决定如何称呼它们。用 one(某人)或是 we(我们),或是笼统称为 doer(动作实施者)?

> √ If one/we/you/researchers are to understand what causes psychiatric disorder, one/we/you/they should use research strategies that look for more than one variable rather than assume that a single gene is responsible for psychopathology

or adopt a strategy in which one/we/you/they study only one biological variable.

如果某人/我们/你/研究者想要了解是什么引起了精神紊乱,某人/我们/你/他们就应该采用寻求多个变量的研究策略,而不是仅仅假定精神病理是某一个基因导致的,或是采用只研究一个生物变量的研究策略。

对我们大多数人来说,"某人"会显得很生硬,但是"我们"就说不清了,因为它可以仅指代作者;也可以指代作者和其他人,但不包括读者;也可以指代读者和作者,但不包括其他人;或者指代所有人。如果没有直接点名是你的读者,那用"你们"通常就不太合适了。

如果既不用名词化结构,又不用模糊代词,那就必须用到被动语态了(这个我稍后会谈到):

To understand what makes patients vulnerable to psychiatric disorders, strategies that look for more than one variable **SHOULD BE USED** rather than strategies in which it **IS ASSUMED** that a gene causes psychopathology or only one biological variable **IS STUDIED**.

要了解是什么让病人容易患上精神紊乱,我们**应该用到**寻求多个变量的策略,而不是那些**假设**某一个基因就能引起精神病理的策略,或者只**研究**一个变量的策略。

要把缺失的角色找回来,判断力是很重要的,但是一般来说,选择你能找到的最具体的角色就好了。

用抽象概念充当角色

到目前为止,我所讨论的角色好像都必须是有血有肉的人。但是,故事中的主要角色也可以是抽象概念,包括名词化结构,只要你把它们作为描述具体动作的动词的主语。我们在前面的例子中已经解决过这种有不同类型角色的问题，前例中的 study（研究）就是一个抽象概念：

> ✓ To understand what causes psychiatric disorder, studies should look for more than one variable rather than adopt a strategy in which they test only one biological variable or assume that a single gene is responsible for a psychopathology.
> 要了解是什么引起了精神紊乱，研究要寻求多个变量，而不是采用那些只测试一种生物变量或是假设某一个基因就会引起精神病理的研究策略。

"研究"这个词指的是一个虚拟的角色，因为我们都很熟悉它，而且它是一系列动作（如 understand/了解，should look/要寻求，adopt/采用，test/测试和 assume/假设）的主语。

但是，用抽象概念来充当角色时，也产生了一个问题。谈到像 studies（研究）这样一个大家都熟悉的抽象概念时，是容易讲清楚的，但如果你谈的是一个大家不熟悉的抽象角色，围绕着它的还有很多其他的抽象概念，读者可能就会觉得你写的东西复杂而艰涩了。

例如，很少人熟悉 prospective（潜在的）和 immediate intention（当下的意图）这些词，所以大部分人在读到有这些词的故事时都感到困惑，尤其是当它们周围还有其他的抽象概念时（加粗的表示动作，斜体的表示角色）：

> The **argument** is this. The cognitive component of **intention** exhibits a high degree of **complexity**. **Intention** is temporally **divisible** into two: prospective **intention** and immediate **intention**. The cognitive function of prospective **intention** is the **representation** of a *subject's* similar past **actions**, *his* current situation, and *his* course of future **actions**. That is the cognitive component of prospective

intention is a **plan.** The cognitive function of immediate **intention** is the **monitoring** and **guidance** of ongoing bodily **movement.**

——Myles Brand，*Intending and Acting：Toward a Naturalized Action Theory*

论点如下：意图的认知成分表现出高度的复杂性。意图可以粗略分成两种：潜在意图和即时意图。潜在意图的认知功能是表现主体过去的行为，他现在的状况和他以后的一系列行为。也就是说，潜在意图的认知成分就是计划。即时意图的认知功能则是对现在做的行为进行监督和指导。

——迈尔斯·布兰德《意图和行为：一种归化的行为理论》

如果我们用有血有肉的角色来讲述这个故事，就可以让这段文字更清晰（斜体表示角色，加粗表示动作，大写表示动词）：

> √ *I* **ARGUE** this about **intention.** It HAS a complex cognitive component of temporal kinds：prospective and immediate. *We* **USE** prospective **intention** to **REPRESENT** how *we* HAVE **ACTED** in our past and present and how *we* WILL **ACT** in the future. That is，*we* **USE** the cognitive component of prospective **intention** to **HELP** *us* **PLAN.** *We* **USE** immediate **intention** to **MONITOR** and **GUIDE** *our* bodies as *we* **MOVE** them.
>
> 我这样来阐释"意图"。它有一个复杂的认知构成，有两种不同的形态：潜在和即时。我们用潜在意图来表示我们过去和现在是怎么做的，以及我们将来又会怎么做。也就是说，我们用潜在意图这个认知成分来帮我们做计划，我们用即时意图来监控和引导我们的行为。

经过这番修改，我在这段文字中添加了作者本来没有的意思吗？有人认为形式上的任何改变都会带来意思的改变。在这个例子中，作者可以提出一个观点,但只有读者才能决定这两段文字的意思是否有所不同,因为归根结底,细心而有能力的读者认为它是什么意思它就是什么意思。

> **要点提示**:大多数读者都希望主语是有血有肉的角色,但很多时候,你必须用抽象概念。让它们来做能描述故事梗概的动词的主语,把它们变成虚拟的角色。如果读者熟悉你写的抽象概念,那读懂没有任何问题。但是如果他们对那些抽象概念不熟悉,就要避免在这些词周围使用很多其他的抽象名词化结构了。当修改一篇抽象的文章时,如果暗藏的角是泛指的,你可能会碰到问题,这时,不管是谁做这个动作,试着用一个统称来表示,像 researchers(研究者)、social critics(社会评论员)、one(有人)等。如果暗藏的角色不是泛指的,那就用 we(我们)。但实际情况是,跟很多语言都不一样,英语对 doer(动作实施者)这个笼统的称呼没什么好的办法。

角色和动词的被动语态

比起其他的建议,你最有印象的可能是"用主动语态,而不是被动语态。"这不是什么坏建议,但也有例外。

当你使用主动语态的时候,你常常会:
- 把动作实施者或动作发起者放在主语的位置上。
- 把动作对象或动作的承受者放在直接宾语的位置上。

	主语	动词	宾语
主动语态	I(我)	lost(丢了)	the money(钱)。
	角色/动因	动作	对象

被动语态在三个方面有所不同:

1. 主语是动作对象。

2. 动词的过去分词前要加上"be"动词。

3. 由"by"带出动作实施者或是动作发起者,或者完全省略。

	主语	be＋动词的过去分词	介词短语
被动语态	The money（钱）	was lost（弄丢了）	by me（被我）。
	对象	动作	角色/动因

"主动"和"被动"这两个术语并非泾渭分明，因为它们不但可以指代两种语法结构，还可以指代这两个句子带给你的感受。如果觉得一个句子枯燥无趣，那么不管它语法上是不是被动式，我们都叫它被动语态。例如，让我们来比较一下这两个句子：

> We can manage problems if we control costs.
> 如果我们能控制成本，我们就能解决这个问题。
> Problem management requires cost controls.
> 问题的解决需要我们控制成本。

从语法上说，这两个句子都是主动语态，但是第二个句子就让人感觉很被动，原因有三个：

- 它的动作 management（解决）和 control（控制）没有一个是动词，都是名词化结构。
- 主语是"问题的解决"，这是个抽象概念。
- 这个句子缺少有血有肉的角色。

要知道为什么我们对这两个句子会有不同的感觉，就要把"主动语态"和"被动语态"的技术意义、语法意义与它们的比喻意义、印象意义区分开来。下面我来讲讲语法上的被动语态。

在主动语态和被动语态之间做选择

一些评论家告诉我们要尽量避免使用被动语态，因为需要多写很多词，而且还常常省略动因，即动作的"实施者"。但有时被动语态是更好的选择。要在主动语态和被动语态之间做出选择，我们要先回答三个问题：

1. 读者一定要知道谁是动作的实施者吗？

我们常常不会说出是谁做了某个动作，因为我们不知道，或者读者

对此并不在意。例如,在下面这些句子里,我们常常会很自然地选择被动语态:

✓ The president **WAS RUMORED** to have considered resigning.
有传言说总统正在考虑辞职。

✓ Those who **ARE FOUND** guilty can **BE FINED**.
那些**被证明**有罪的人总会**被罚的**。

✓ Valuable records should always **BE KEPT** in a safe.
有价值的记录**应该被**放进保险箱收好。

如果不知道是谁散播的谣言,我们可以不说。如果没有人会对谁发现某人有罪,谁来惩罚他们,或是谁把记录保存好提出疑问,我们也不必说。这时候,被动语态就成了正确的选择。

当然,有时作者用被动语态是不想让读者知道是谁实施了这个动作,特别是当这个人就是作者自己的时候。例如:

Since the test was not completed, the flaw was uncorrected.
因为测试还没完成,所以错误还没被纠正。

我会在第十一课讨论有意隐去行为人的原则问题。

2. 主动动词或被动词能帮助读者更顺畅地读下去吗?

我们在读一份新材料的时候,会指望一个句子开头的几个词能给一个我们熟悉的背景。如果一开始就是我们没预料到的信息,我们就会对这个句子感到困惑。比如说下面这段话,在我们读到前面的句子提过的熟悉的信息(斜体表示)之前,第二个句子的主语就给了我们新的复杂的信息(加粗表示):

We must decide whether to improve education in the sciences alone or to raise the level of education across the whole curriculum.

The weight given to industrial competitiveness as opposed to the value we attach to the liberal arts~new information~ will determine~active verb~ *our decision*~familiar information~.

我们要决定是只改善理科的教育,还是提高整体课程的教育水平。**对产业竞争力和文科价值的不同的重视程度**~新的信息~将对我们的决定~熟悉的信息~起决定作用~主动动词~。

在第二个句子中,动词"起决定作用"的是主动语态。但如果这个句子是被动语态,也许我们读起来更容易,因为被动语态会把短的、熟悉的信息(我们的决定)放在前面,把新的、更复杂的信息放在后面,我们更喜欢这样的顺序:

√ We must decide whether to improve education in the sciences alone or raise the level of education across the whole curriculum. *Our decision*~familiar information~ WILL BE DETERMINED~passive verb~, **by the weight we give to industrial competitiveness as opposed to the value we attach to the liberal arts**~new information~.

我们要决定是只改善理科的教育,还是提高整体课程的教育水平。我们的决定~熟悉的信息~是由**我们对产业竞争力和文科价值的不同重视程度**~新信息~决定~被动动词~的。

(下一课我会更深入地讲新旧信息的放置位置。)

3. 主动语态和被动语态,哪个能给读者提供更连贯且合适的视角?

下面这段文字的作者从盟军的角度来报道第二次世界大战在欧洲的结束。她用的都是主动动词,确保"盟军"一直是主语:

√ By early 1945, *the Allies* HAD essentially DEFEATED~active~ Germany; all that remained was a bloody climax. *American, French, British, and Russian forces* HAD BREACHED~active~

its borders and WERE BOMBING$_{active}$ it around the clock. But *they* HAD not yet so DEVASTATED$_{active}$ Germany as to destroy its ability to resist.

到 1945 年初，盟军已基本打败了$_{主动语态}$德国；剩下的就是一场血腥的高潮。美国、英国、法国和苏联的军队突破了$_{主动语态}$德国的防线，昼夜不停地进行轰炸$_{主动语态}$。但是他们并没有把德国摧毁$_{主动语态}$到完全不能抵抗。

如果她想从德国的角度来解释这段历史，那她就会用被动词，从而让德国来做主语/角色：

> √ By early 1945, *Germany* HAD essentially BEEN DEFEATED$_{passive}$ that remained was a bloody climax. *Its borders* HAD BEEN BREACHED$_{passive}$, and *it* WAS BEING BOMBED$_{passive}$ around the clock. *It* HAD not BEEN so DEVASTATED$_{passive}$ however, that *it* could not RESIST.
>
> 到 1945 年初，德国已基本被打败$_{被动语态}$；所剩下的就是一场血腥的高潮。它的防线被突破$_{被动语态}$，被昼夜不停地轰炸$_{被动语态}$。但是，它也并未被摧毁得$_{被动语态}$完全不能抵抗。

有些作者会毫无来由地从一个角色转换到另一个角色。要避免以下这种情况：

> By early 1945, *the Allies* had essentially defeated Germany. *Its borders* had been breached, and *they* were bombing it around the clock. *Germany* was not so devastated, however, that *the Allies* would meet with no resistance. Though *Germany's* population was demoralized, *the Allies* still attacked their cities from the air.
>
> 到 1945 年初，盟军已基本打败了德国。它的防线被突破，并

且他们昼夜不停地进行轰炸。但德国并没被摧毁到盟军不会遇到任何抵抗。尽管德国被打击得士气消沉,但是盟军仍旧空袭他们的城市。

我们应该选定一个视角,然后坚持下去。

> **要点提示**:很多作者滥用被动语态,但在下面这样的情境中被动语态还是有用的:
> - 你不知道是谁实施的这个动作,读者也不在乎,或者你不想让他们知道。
> - 你想把一长串信息放到句末,特别是这样做会让你一开头就呈现更短、更实在、更熟悉的信息。
> - 你想让读者把注意力聚焦某个特殊的角色。

"客观的"被动语态 vs. 我/我们

一些学术写作者宣称他们不能用第一人称做主语,因为他们必须制造一种客观视角,就像下面这样:

> Based on the writers' verbal intelligence, prior knowledge, and essay scores their essays **were analyzed** for structure and evaluated for richness of concepts. The subjects **were** then **divided** into a high-or low-ability group. Half of each group **was** randomly **assigned** to a treatment group or to a placebo group.

根据作者的语言天赋、先验知识和文章评分,他们的文章会**被**进行结构**分析**,文章概念的丰富性也会被评估。然后,研究对象会**被分成**高能力组或低能力组。每个组的一半又会**被**随机**分到**治疗组或安慰剂组。

与上述宣称相反,学术和科学写作者经常会用主动语态和第一人称"我"和"我们"。下面这几段文字摘自一些著名期刊上的文章：

√ This paper is concerned with two related problems. Briefly：how can **we** best handle, in a transformational grammar, (i) Restrictions on ..., To illustrate, **we** may cite ... **we** shall show ...

——P. H. Matthews,

"Problems of Selection in Transformational Grammer",

Journal of Linguistics

这篇论文关注的是两个相关的问题。简言之：在转换语法方面，**我们**怎样才能最好地处理，(i) 对……的限制，**我们**可以举出……来说明，**我们**将展示……

——P. H. 马修斯

《转换语法中的选择问题》

《语言学杂志》 29

√ Since the pituitary-adrenal axis is activated during the acute phase response, **we** have investigated the potential role ..., Specifically, **we** have studied effects of interleukin-1 ...

——M. R. N. J. Woloski, et al.

"Corticotropin-Releasing Activity of Monokines,"

Science

由于垂体——肾上腺轴在急性反应期间被激活，**我们**已经在研究潜在的作用……，**我们**还专门研究了白细胞介素1的影响……

——M. R. N. J. 沃洛斯基，等

《单核因子的促肾上腺皮质素释放活动》

《科学》

下面是几个连续的句子的开头几个词，摘自权威杂志《科学》上的一篇文章：

> ✓ **We** examine ..., **We** compare ..., **We** have used ..., Each has been weighted ..., **We** merely take ..., They are subject ..., **We** use ..., Efron and Morris describe ..., **We** observed ..., **We** might find ...
>
> ——John P. Gilbert, Bucknam McPeek, and Frederick Mosteller,
> "Statistics and Ethics in Surgery and Anesthesia,"
> *Science*

> **我们**检测到……，**我们**比较了……，**我们**用了……，每个都被权衡……，**我们**仅仅用了……，他们会受……的影响，**我们**用……，埃夫隆和莫里斯描述……，**我们**观察到……，**我们**可能发现……
>
> ——约翰·P. 吉尔伯特，巴克纳姆·麦克皮克，
> 弗雷德里克·莫斯特勒
> 《手术和麻醉里的统计和伦理》
> 《科学》

因此，说学术写作者常常回避第一人称"我"和"我们"是不准确的。

被动语态、角色和后设论述

当学术作者使用第一人称的时候，他们会用特定的方法。看看上面那几段文字中的动词。它们被分成两组：

- 一组指向研究行为：examine, observe, measure, record, use（检视、观察、测量、记录、使用）。这些动词常常会出现在被动语态中：The subjects were observed（受试者被观察……）。
- 其他的既与主题无关，也与研究无关，而是指向作者自己的写作和思考：cite, show, inquiry（引用、展示、调查）。这些动词通常是主动式，因而常用第一人称：We will show ...（我们将展示……）。这都是后设论述的例子。

后设论述是一种语言表述方式，它不是指向你的思想本身，而是指向你自己、读者或者你的写作行为。比如：

- 作者的想法和行为：We will explain, show, argue, claim, deny, suggest, contrast, add, expand, summerize …（我们将解释，展示，认为，声称，否认，建议，对照，增加，扩大，总结……）
- 读者的行为：consider now, as you recall, look at the next example …（试想一下，如你所知，看下一个例子……）
- 写作的逻辑和形式：first, second, to begin, therefore, however, consequently …（其一，其二，首先，因此，但是，结果……）

后设论述常常出现在导语部分，说明作者的写作意图：I claim that …, I will show …, We begin by …（我认为……，我将展示……，我们由……开始），然后在结尾部分再次出现，用于总结：I have argued …, I have shown …（我曾说过……，我已经展示了……）这些动作相比其他动作的独特之处在于它们专属于作者。

另外，学术写作者在写到一些研究中任何人都可能做出的具体行为时通常都不会用第一人称来与动词搭配，比如，measure, record, examine, observe, use（测量、记录、检测、观察、使用）。这些动词常常以被动式出现：The subjects were observed …（受试者被观察……）。很少有人这样写：

To determine if monokines elicited an adrenal steroidogenic response, **I ADDED** preparations of …

为了确定单核因子是否会引发肾上腺类固醇反应，**我加大了**……制剂用量。

大多数作者会用被动词"被增加（were added）"来表示每个人都能做，而不是只有作者才能做的行为：

To determine if monokines elicited a response, **preparations of … WERE ADDED.**

要确定单核因子是否会引起反应，……**制剂被加大了**用量。

但是,像这样的被动句会造成一个问题:修饰语悬而未定。当介绍性的词组有一个隐藏主语,这个主语又跟下文或上文的句子所表明的主语不同时,你的修饰语就悬而未决了。在上面的例子中,不定式动词 determine(确定)所暗示的主语是"我"或"我们",即"我确定"或"我们确定"。

[So that **I** could] determine if monokines elicited a response preparations WERE ADDED.

[为了使**我**能]确定单核因子是否会引起反应,制剂**被**加**大**了用量。

但是那个"暗示的"主语"我"跟它引出的句子"**制剂**被加大了用量"中明确的主语是不同的。当这两个主语不同时,修饰语就悬而未决了。但是,科技文章的作者经常使用这样的句式,在科技写作中几乎已成惯例了。

31　需要说明一下的是,这种无人称的"科技范"文风是现代事物。伊萨克·牛顿爵士(Sir Isaac Newton)在他的《光和色的新理论》(New Theory of Light and Colors)中用第一人称写下了这篇迷人的实验报告:

I procured a triangular glass prism, to try therewith the celebrated phenomena of colours. And for that purpose having darkened my chamber, and made a small hole in my window shuts, to let in a convenient quantity of the sun's light, I placed my prism at his entrance, that it might be thereby refracted to the opposite wall. It was at first a very pleasing diversion to view the vivid and intense colours produced thereby.

我弄到了一块玻璃三棱镜,准备用它来研究著名的颜色现象。为了做这个实验,我把房间弄暗,只在窗板上开一个小孔,以便适量的太阳光射入室内,我把棱镜放在光射进来的地方,这样光就能折射到对面的墙上。最开始可以看到由此产生的生动的、强烈的彩色光带。

要点提示：一些作者和编辑到处都用被动语态，以避免使用第一人称，但是去掉"我"或"我们"并不能让研究者的想法看上去更客观。我们知道，在那些无人称的句子后面，仍然是有血有肉的人在做、在想、在写。事实上，第一人称"我"和"我们"跟那些表示作者独有的动作的动词连用，在学术文章里是很普遍的。

名词＋名词＋名词

还有一个风格上的选择并不直接涉及角色和动作。但我把它放在这里讨论，因为它会扭曲读者所希望的思想形式和语法表述相匹配的状态。看下面句子中长长的复合名词短语：

> Early childhood thought disorder misdiagnosis often results from unfamiliarity with recent research literature describing such conditions. This paper is a review of seven recent studies in which are findings of particular relevance to pre-adolescent hyperactivity diagnosis and to treatment modalities involving medication maintenance level evaluation procedures.
>
> 童年早期思维障碍误诊常常是由于对最新的描述类似情况的相关研究文献的不熟悉所导致的。这篇论文是对七项最新研究的回顾，这几个研究中有跟儿童多动症的诊断和包含药物维持水平的评估程序的疗法特别相关的研究结果。

用一个名词来修饰另一个名词是可以的，像 stone wall（石墙）、student center（学生中心）、space shuttle（航天飞机）之类的常用词数不胜数。

但是一长串名词连在一起会让人感觉怪异，所以要避免这样使用，特别是那些你自己发明的词。修改你自己发明的那些复合名词，特别是当它们还含有名词化结构时。你只需要把词的顺序颠倒过来，然后再用介词把它们连接起来；

　　　　1　　　2　　　　3　　　　4　　　　　5
（early childhood thought disorder misdiagnosis）
　　　　5　　　　　4　　　　　3　　　1　　　　2
（misdiagnose disordered thought in early childhood）
重新组合之后，就变成了这样：

　　Physicians misdiagnose[5] disordered[4] thought[3] in young[1] children[2] because they are unfamiliar with recent literature on the subject.
　　医生误诊[5]了幼[1]儿[2]的混乱[4]思维[3]，是因为他们对有关这个问题的最新研究文献还不熟悉。

但是，如果一个很长的复合名词短语中含有你所在研究领域的术语，那么保留这个术语，把别的拆开。

　　Physicians misdiagnose[5] **thought disorders**[3,4] in young[1] children[2] because they are unfamiliar with recent literature on the subject.
　　医生误诊[5]了幼[1]儿[2]的**思维障碍**[3,4]，是因为他们对有关这个问题的最新研究文献还不熟悉。

从这个例子中我们可以发现，每个专业团体（银行家、工程师、文学评论家，无论什么行业）都希望成员接受其独特的话语体系，从而表明他们接受了这个专业团体的价值观。但是，有想法的专业人士总是试图用最复杂的技术语言来写作，以融入专业圈子。但这样做的时候，他们就是在采用一种排他的文风来削弱公民社会赖以生存的信任，对我们这样靠信息和专业技术来获得力量和控制力的世界来说更是如此。的确，有一些研究是无法用外行读者也能理解的语言讲清楚的，但是这样的情况并不像许多研究者所认为的那样多见。

第四课

衔接与连贯

> 如果作者想要表达些什么，他应该先从读者已知的事情写起，然后再写读者未知的事情，而且要明晰且不含糊，从越简单的事情开始写越好。作者们有一个通病，那就是给读者的信息太多：他们一上来就写那些本应该是在文章中间出现的东西，而且不断地前后跳跃。除非有人之前就完全了解这个主题，否则根本不可能读懂他的作品，而这样的人又根本不会读它。
>
> ——本杰明·富兰克林（Benjamin Franklin）

理解连接

之前我们讨论了简洁，说得好像只要我们依葫芦画瓢地把动作和角色安放在主语和动词的位置就做到了简洁似的。但对读者来说，要他们认为一段文章是"连贯的"，可不只是每个句子都清晰就可以了。比如下面这两段话，讲的是一个意思，给人的感觉却完全不一样：

1a. The basis of our American democracy—equal opportunity for all—is being threatened by college costs that have been rising fast for the last several years. Increases in family income have been significantly outpaced by increases in tuition at our colleges and universities during that period. Only the children of the wealthiest families in our society will be able to afford a college education if this trend continues. Knowledge and intellectual skills, in addition to wealth, will divide us as a people, when that happens. Equal opportunity and the egalitarian basis of our democratic society could be eroded by such a divide.

我们美国民主的基础——所有人机会均等正受到过去几年不断迅速增长的大学学费的威胁。过去那段时间里，家庭收入的增长被我们学院和大学的费用增长给远远超过。如果趋势继续这样发展的话，只有社会上那些最富裕的家庭里的孩子才能上得起大学。除了财富，我们还将被知识和智识技能划分。如果是那样的话，机会均等和我们民主社会的平等主义基础可能会被这种划分给削弱。

√1b. In the last several years, college costs have been rising so fast that they are now threatening the basis of our American democracy—equal opportunity for all. During that period, tuition has significantly outpaced increases in family income. If this trend continues, a college education will soon be affordable only by the children of the wealthiest families in our society. When that happens, we will be divided as a people not only by wealth, but by knowledge and intellectual skills. Such a divide will erode equal opportunity and the egalitarian basis of our democratic society.

在过去几年里，大学学费增长太快，现在已威胁到"所有人机会均等"这个美国民主的基础了。在过去那段时间，学费增长的速度大大超过家庭收入增长的速度。如果继续这样下去，大学教育很快就会变成只有我们社会中最富裕的家庭的孩子才能享受得起的了。一旦这样，我们将不仅仅会因为财富，还会因为知识和智识技能而被分成不同的人群。这种划分将会削弱机会均等和我们民主社会的平等基础。

第一段看起来好像不连贯，甚至缺乏条理；而第二段看起来就更紧凑。

不过就像"清晰性"一样，"不连贯""缺乏条理"和"紧凑"也都不是指字面上的意思，而是指我们的感受。在(1a)中，词的排列到底是哪里让我们觉得读起来感觉一会儿这样一会儿那样？为什么(1b)让人感觉更流畅呢？我们的判断基于对词序的两个方面的理解。

1. 我们判断几个句子是否通顺，要看每个句子怎么结尾和下一个句子怎么开头。

2. 我们判断一整段文章是不是连贯，要看文章里每个句子都是怎么开头的。（这一课我讲文章段落的连贯，第七课我会讲整体连贯。）

衔接

流畅感

在第三课里，我们用了几页篇幅来讲那个熟悉的建议——避免使用被动语态。如果我们总是这么做，那么我们就会选择(2a)里的主动语态，而不是(2b)里的被动语态：

2a. The collapse of a dead star into a point perhaps no larger than a marble **CREATES**_{active} a black hole.

一个死亡恒星坍缩到一个也许还没一个玻璃弹子大的点时就**形成了**_{主动语态}黑洞。

2b. A black hole **IS CREATED**_{passive} by the collapse of a dead star into a point perhaps no larger than a marble.

黑洞**是由**一个死亡恒星坍缩到也许还没玻璃弹子大的点而**形成的**_{被动语态}。

但是，在上下文里，我们可能会做不同的选择。考虑一下：

[1]Some astonishing questions about the nature of the universe have been raised by scientists studying black holes in space. [2a]**The collapse of a dead star into a point perhaps no larger than a marble creates a black hole.** [3]So much matter compressed into so little volume changes the fabric of space around it in puzzling ways.

第四课 衔接与连贯 | 057

¹一些关于宇宙物质的令人惊叹的问题被研究太空黑洞的科学家们提出来了。²ᵃ**一个死亡恒星坍缩到一个也许还没一个玻璃弹子那么大的点时就形成了黑洞。**³这么大的密度压缩进这么小的体积里使得它周围的空间结构以一种令人困惑的方式发生改变。

¹Some astonishing questions about nature of the universe have been raised by scientists studying black holes in space. ²ᵇ**A black hole is created by the collapse of a dead star into a point perhaps no larger than a marble.** ³So much matter compressed into so little volume changes the fabric of space around it in puzzling ways.

¹一些关于宇宙物质的让人惊叹的问题被研究太空黑洞的科学家们提出来了。²ᵇ**黑洞是由一个死亡恒星坍缩到也许还没玻璃弹子那么大的点而形成的。**³这么大的密度压缩进这么小的体积里使得它周围的空间结构以一种让人困惑的方式发生改变。

在上下文中,让我们感觉"流畅"的不是有主动语态的(2a),而是那个用了被动语态的(2b)。

原因很简单:第一句的最后几个词引出了关键的角色——"太空黑洞"。但在(2a)里,我们接着看到的概念是"死亡恒星坍塌"和"玻璃弹子",这些好像都是凭空出现的信息:

¹Some astonishing questions about the nature of the universe have been raised by scientists studying **black holes in space.** ²ᵃ**The collapse of a dead star into a point perhaps no larger than a marble** creates …

¹一些关于宇宙物质的让人惊叹的问题被研究**太空黑洞**的科学家们提出来了。²ᵃ**一个死亡恒星坍缩到一个也许还没一个玻璃弹子那么大的点**时就形成了……

如果在句子(1)后面接上有被动语态的(2b),我们会觉得这几个句子连接得更顺畅,因为(2b)里的头几个词重复了我们在(1)句结尾读到的那几个词：

> ¹... studying **black holes in space**，²ᵇ **A black hole** is created by the collapse of a dead star ...
>
> ¹……研究**太空黑洞**的科学家们提出来了。²ᵇ**黑洞**是由一个死亡恒星坍缩到……

同样要注意到这个被动语态还把（2b）里最后的几个词跟句（3）里开头的几个词连在了一起：

> ¹... black holes in space. ²ᵇ A black hole is created by the collapse of a dead star into **a point perhaps no larger than a marble.** ³ **So much matter compressed into so little volume** changes the fabric of space around it in puzzling ways.
>
> ¹……太空黑洞的科学家们提出来了。²ᵇ黑洞是由一个死亡恒星坍缩到**也许还没玻璃弹子那么大的点**而形成的。³**这么大的密度压缩进这么小的体积里**使得它周围的空间结构以一种让人困惑的方式发生改变。

> **要点提示**：当一个句子的最后几个词展示的信息在接下来一个句子的头几个词里出现时，句子就是连贯的。这给了我们流畅的阅读体验。事实上，这也是被动语态存在的一个最大的原因：让我们排列好句子，使句子可以很轻松地从一个过渡到下一个。

诊断和修改：把旧信息放在新信息前

读者更喜欢在句子里先看到旧的、熟悉的信息，然后再看到新的、不熟悉的信息。所以：

1. 用读者熟悉的信息开头。

读者从两个地方得到熟悉的信息。首先，他们在刚读过的句子里记住了一些词。这也是为什么在关于黑洞的例子里,(2b)的开头要和句(1)的结尾一致,句(3)的开头又要和(2b)的结尾一致的原因。其次,是读者关于内容的常识。比如,如果我们发现句(4)像这样开头就不会感到惊讶:

… changes the fabric of space around it in puzzling ways. [4]**Astronomers have reported** that …

……使得它周围的空间结构以一种让人困惑的方式发生改变。[4]**天文学家已进行报道**……

虽然"天文学家"这个词在前面的句子里并没有出现过,但是因为我们读的是有关太空的文章,所以这个词的出现也不会让我们感到意外。

2. 以读者预测不到的信息作为句子结尾。

读者在读了熟悉而简单的内容后,常常希望读到一些新的复杂信息。

比起你自己,你会更容易发现其他人没有遵守"旧信息在新信息之前"这条原则,因为你的想法在你脑子里已经有段时间了,它们对你来说都是很熟悉的了。但是,即便有些困难,你也要去试着区分自己文章里的新旧信息,因为读者希望一开始就读到他们熟悉的信息,然后才是新信息。

> **要点提示:** 到现在为止,我们已经确认了三条关于简洁的主要原则,其中两条都是关于句子的。
>
> 1. 让主要角色做句子主语。
> 2. 用动词来表述主要动作。
>
> 第三条原则也是关于句子的,它也阐释了句子该怎样衔接在一起。
>
> 3. 把旧信息放在新信息之前。
>
> 这三条原则常常是相辅相成的,但如果一定要在其中做选择的话,选第三条。组织新旧信息的方式将决定你的文章在读者眼中是否连贯。对读者来说,文章整体的连贯性比单个句子的简洁重要得多。

连贯

整体观

要做到流畅，第一步就是要让读者感觉到你的文章很连贯。只有让读者觉得你的文章连贯，他们才会认为你是个有才华的作者，连贯是一个不同于衔接的特性。衔接和连贯的字面意思差不多，所以很容易混为一谈。

- "衔接"就好比是几个句子像几块拼图一样地组合在一起（试想前文关于黑洞的那几个句子）。
- "连贯"就好比是文章中的句子都拼在一起形成一个整体，就像是拼图外盒上的那幅图。

下面这段文字衔接得很好，因为从一个句子到下一个句子读起来很顺畅：

> Sayner, Wisconsin, is the snowmobile capital of the world. The buzzing of snowmobile engines fills the air, and their tanklike tracks crisscross the snow. The snow reminds me of Mom's mashed potatoes, covered with furrows I would draw with my fork. Her mashed potatoes usually make me sick—that's why I play with them. I like to make a hole in the middle of the potatoes and fill it with melted butter. This behavior has been the subject of long chats between me and my analyst.

> 威斯康星州的赛纳是世界雪地机动车之都。雪地机动车引擎的嗡嗡声到处都是，它们跟坦克似的轮子痕迹也在雪地上纵横交错。这让我想起了妈妈做的土豆泥，我总会用叉子在上面划出沟槽。妈妈做的土豆泥总是让我恶心——这也是我常常拿着它们划着玩的原因所在。我喜欢在土豆泥的中间弄出个洞，然后在里面灌上化了的黄油。这个行为一直是我和我的心理分析师漫长谈话的主题。

虽然这段话每个句子都衔接得很好,但是作为一个整体来说,这段话并不连贯。(这是由六个不同的作者写的,他们中的一个写下第一句,其他五人再依次续写一句,不过他们只能看到之前一人刚写的那一句。)这段话不连贯有三个原因:

1. 这些句子的主语完全都是不相关的。
2. 这些句子没有共同的主题或思想。
3. 这段话里没有一个句子明确地写出整段话要讲什么。

我会在第五课讲第二个原因,在第七课讲第三个原因。这一课剩下的部分我们主要讲第一个原因——共享主语。

主语、话题和连贯

长期以来,英语教师都是用这两种方式来定义"主语"的:

1. 动作的"实施者";
2. 一句话"要讲的东西",它的主要话题。

我们在第二和第三课里知道了为什么第一种定义方式不可行:很多句子的主语都不是动作的实施者。比如,下面这句话的主语是动作:**The explosion** was loud.(爆炸声很响。)下一句话的主语则是一种品质:**Correctness** is not writing's highest virtue.(**准确无误**并非写作的最高追求。)而下面这句话的主语只是一个语法上的占位符号:**It** was a dark and stormy night.(那是一个月黑风高的夜晚。)

但是,第二种定义方式也有问题,因为有时候,一句话不会先在主语中点明主要话题,然后由句子的其余部分负责"讨论"。相反,这种"点明话题"的任务可能是由句子的其他部分完成的。请看以下几句话:

> 这句话的主语是斜体的 It,但句子的话题却是粗体的 **your claim**(作为介词 for 的宾语):

It is impossible for **your claim** to be proved.
你的主张是无法被证实的。

➤ 此处的主语为 I,但句子的话题却是 this question(作为 to 的宾语):

> In regard to **this question**, *I* believe more research is needed.
> 关于**这个问题**,我认为需要进行更多研究。

➤ 下句的主语是 it,但句子的话题却是 our proposal(作为从句动词的主语):

> *It* is likely that **our proposal** will be accepted.
> **我们的提案**很可能被采纳。

➤ 最后这句的主语是 no one,但句子的话题却是 such results(作为直接宾语置于句首,起强调作用):

> **Such results** *no one* could have predicted.
> **这样的结果**没人会预料到。

诊断和修改:话题

与清晰性问题一样,你无法只通过阅读来预测读者将如何评判自己的行文,因为你对这些内容太了解了。所以你要用更客观的方法来分析。下面这段文字读起来有些松散,甚至杂乱无章:

> Consistent ideas toward the beginnings of sentences help readers understand what a passage is generally about. A sense of coherence arises when a sequence of topics comprises a narrow set of relate ideas. But the context of each sentence is lost by seemingly random shifts of topics. Unfocused paragraphs result when that happens.

如果句子开头出现的概念写得较为连贯,读者就能了解一整段的大意。当一连串话题由一组相关概念构成时,段落就会显得有整体感。但是每句话的上下文会由于话题的随意变换而丢失。这将导致段落没有重点。

我们来看看如何诊断和修改这类文字:
1. 诊断
a. 给每句话开头的7—8个单词加下划线,划到主要动词之前为止。
b. 如果可以,再给这些句子中从句开头的5—6个单词加下划线。

  <u>Consistent ideas toward the beginnings of sentences</u>, especially in their subjects, help readers understand <u>what a passage</u> is generally about. <u>A sense of coherence</u> arises when <u>a sequence of topics</u> comprises a narrow set of related ideas. But the <u>context of each sentence</u> is lost by seemingly random shifts of topics. <u>Unfocused, even disorganized paragraphs</u> result when that happens.

  在句子的开头陈述一致的概念,尤其是在主语中,可以帮助读者理解<u>一个段落大体在讲什么</u>。<u>连贯的感觉</u>来自<u>一系列的话题</u>构成了一系列相关的概念。但是<u>每个句子的语境</u>都因为话题的随意切换而丢失了。当这种情况发生的时候就会使<u>一段话失去焦点,甚至杂乱无章</u>。

2. 分析
a. 加下划线的单词能否构成一组相关概念呢?如果你能发现他们之间的关联,那么读者能发现吗?就这段话来说,答案是否定的。
b. 加下划线的单词是否点明了最重要的角色,是真实角色还是抽象角色?答案依旧是否定的。
3. 重写
a. 在这段话的大部分(并非全部)句子中,用主语点明话题。
b. 确定在上下文范围内,读者是否熟悉这些话题。
以下是对上段文字的改写,其中新的主语以粗体表示:

Readers understand what a passage is generally about when **they** see consistent ideas toward the beginnings of sentences, especially in their subjects. **They** feel a passage is coherent when **they** read a sequence pf topics that focuses on a narrow set of related ideas. But when topics seem to shift randomly, **readers** lose the context of each sentence. When **that** happens, **they** feel they are reading paragraphs **that** are unfocused and even disorganized.

　　如果**读者**在每句话开头,尤其是在主语位置中都读到了连贯概念,**他们**就能理解一段话的大意。当**他们**读到一连串话题的重点都落在一组相关概念上时,**他们**就会感觉这段话是连贯的。但如果段落内的话题随意变换,**读者**就会无法把握每句话的语境。一旦发生**那种**情况,**他们**就会认为读到的段落没有重点,甚至杂乱无章。

　　修改后的段落中,各个主语之间形成了有力的话题串联:readers(读者),they(他们),they(他们),they(他们),topics(话题),readers(读者),that(那种),they[readers]他们[读者们]。

避免在句首干扰读者

　　要写好一句话的开头很难。读者想要尽快读到主语/话题,但我们对于句首的写作方式,总是难令读者满意。我们往往喜欢在句首"清嗓子",也就是通过后设论述(见第三课开篇),将一句话同上一句相连,并用上一些过渡性的连接词,如:and(和),but(但是),therefore…(因此……)然后,我们会加上另一种后设论述,表达我们对后文出现的事物的态度,如,fortunately(幸运的是),perhaps(也许),allegedly(据称),it is important to note(请加以注意),for the most part(大体而言),politically speaking(从政治角度而言):

And therefore, it is important to note …
因此,请加以注意……

接下来,再指出时间、地点或方式:

And therefore, it is important to note that, in Eastern states since 1980 …
因此,请加以注意,1980年来在美国东部各州……

写到这里,我们才会引入主语/话题:

And therefore, it is important to note that, in Eastern states since 1980, **acid rain** has become a serious problem.
因此,请加以注意,1980年以来,在美国东部各州,**酸雨**已经成为一个严重的问题。

在写作时,如果都用这种干扰读者的方式开头,读者不仅难以理解每句话的意思,更无法把握整个段落的重点。当你发现一句话的主语/话题前出现了太多单词,就需要进行修改:

√ Since 1980, therefore, **acid rain** has become a political problem in the Eastern states.
因此,1980年以来,**酸雨**已经成为美国东部各州的一个严重的问题。

要点提示:在大多数(并非全部)句子中,以主语开头,并让这个主语成为这句话的话题。

学会写出清晰的句子并不容易。如何将这些句子组合成一个衔接通顺、语义连贯的章节更是一种挑战。本课中介绍了把旧信息放在新

42 信息前,话题串联,将角色作为主语,将动作作为谓语等原则。我们可以将这些原则结合起来使用(我们将在第五课中补全下面的表格):

固定	话题		
可变	旧信息		新信息
固定	主语	谓语(动词)	_____
43 可变	角色	动作	_____

第五课

强　　调

> 我的结束之时便是我的开始之日①。
>
> ——T. S. 艾略特(T. S. Eliot)

句子如何收尾

如果你能按照前文的方法,在句子的主语/话题中点明几个中心角色,并用表现力强的动词将它们连接起来,那整句话写下来应该会不错。由这样的句子组成的段落衔接流畅,连贯一致。但如果句子如何开头需要特别注意的话,那句子如何收尾同样需要注意。句子如何收尾不仅会影响读者对单个句子的判断,即该句是否清晰、有力,还会影响读者对整个段落的判断,即整体的衔接和连贯。

如果一句话开头的 9—10 个单词就能帮读者在理解上做好铺垫,那么他们就会更容易理解后文的复杂内容。试比较:

1a. A sociometric and actuarial analysis of Social Security revenues and disbursements for the last six decades to determine changes in projecting deficits is the subject of this study.
对过去六十年的社会保障收支进行社会计量分析和精算分析以预测赤字的变化,是本研究的课题。

√1b. In this study, we analyze Social Security's revenues and disbursements for the last six decades, using sociometric and actuarial analysis to determine changes in projecting deficits.
在本研究中,我们用社会计量分析法和精算分析法分析了过去六十年的社会保障收支,以预测赤字的变化。

---

① 译注:此处引穆旦译文。

我们在读(1a)句时,需要费力地分析长达22个单词的主语,同时还要努力理解其中的术语。而在(1b)句中,我们在读完前5个单词后,就接触到了句子的主语和谓语;一直读到第17个单词,才碰到需要停下来思考的术语。这样,无论句子有多复杂,我们都有动力一直读到结尾。

复杂的语法

下面两句话,你更喜欢哪一句?

2a. Lincoln's claim that the Civil War was God's punishment of both North and South for slavery appears in the last part of the speech.
林肯有关内战是上帝因奴隶制而给以北方和南方的惩罚的说法出现在了演讲的最后。

2b. In the last part of his speech, Lincoln claims that God gave the Civil War to both North and South as a punishment for slavery.
在演讲的最后,林肯声称,内战是上帝因南北双方实行奴隶制而施加的惩罚。

大多数读者喜欢(2b),因为它以简短的介绍性短语开头,之后紧跟主语(一个单词)和具体动词,然后才出现语法复杂的部分。这一点我们已在第四课中讨论过。

复杂的内涵

复杂性还体现在词语的含义上,特别是技术性术语。
试比较下面两段话:

3a. The role of calcium blockers in the control of cardiac irregularity can be seen through an understanding of the role of calcium in the activation of muscle cells. The proteins actin, myosin, tropomyosin, and troponin make up the sarcomere. The energy-producing, or ATPase, protein myosin makes up its thick filament, while the regulatory proteins actin, tropomyosin, and troponin make up its thin filament. Interaction of myosin and actin triggers muscle contraction.

钙离子拮抗剂抑制心律不齐的作用可以通过了解钙离子活化肌肉细胞的作用来认识。肌动蛋白、肌球蛋白、原肌球蛋白和肌钙蛋白组成肌节。产生能量的蛋白或者ATP酶蛋白、肌球蛋白组成肌节的粗肌丝，而肌动蛋白（调节蛋白）、原肌球蛋白和肌钙蛋白组成肌节的细肌丝。肌球蛋白与肌动蛋白的相互作用引发了肌肉收缩。

√3b. When a muscle contracts, it uses calcium. We must therefore understand how calcium affects muscle cells to how cardiac irregularity is controlled by the drug called calcium blockers. The basic unit of muscle contraction is the sarcomere. It has two filaments, one thin and one thick. Those filaments consist of four proteins that regulate contraction: actin, tropomyosin, and troponin in the thin filament and myosin in the thick one. Muscles contract when the regulatory actin in the thin filament interacts with the protein, myosin, an energy-producing or ATPase protein in the thick filament.

肌肉收缩需要钙离子的参与。因此，必须先了解钙离子如何影响肌肉细胞，才能了解钙离子拮抗剂抑制心律不齐的原理。肌肉收缩的基本单位是肌节。肌节中存在两种肌丝，即细肌丝和粗肌丝。这两种肌丝由四种控制收缩的蛋白组成，即细肌丝中的肌动蛋白、原肌球蛋白和肌钙蛋白与粗肌丝中的肌球蛋白。当细肌丝中的调节肌动蛋白与粗肌丝中产生能量的肌球蛋白或者ATP酶蛋白相互作用时，就会引发肌肉收缩。

以上两段使用了相同的术语，但对于完全不了解肌肉的化学成分的读者而言,(3b)的叙述更加清楚。

这两段存在两点不同。首先,在(3a)中表达含糊的信息在(3b)中陈述得很明确。另外,大家不妨注意,几乎所有在(3a)中置于句首的术语在(3b)中都移到了句尾:

3a. The role of **calcium blockers** in the control of **cardiac irregularity** can be seen through an understanding of the role of calcium in the activation of muscle cells.

The proteins actin, myosin, tropomyosin, and troponin make up the **sarcomere**, the basic unit of muscle contraction.

The energy-producing, or ATPase, protein myosin makes up its thick filament, while **the regulatory proteins** actin, tropomyosin, and troponin make up its thin filament.

Interaction of myosin and actin triggers muscle contraction.

钙离子拮抗剂抑制**心律不齐**的作用可以通过了解钙离子活化肌肉细胞的作用来认识。

肌动蛋白、肌球蛋白、原肌球蛋白、肌钙蛋白组成了肌肉收缩的基本单位,肌节。

产生能量的蛋白或者 ATP 酶蛋白、肌球蛋白组成肌节的粗肌丝,而肌动蛋白(**调节蛋白**)、原肌球蛋白和肌钙蛋白组成肌节的细肌丝。

肌球蛋白和肌动蛋白的相互作用引发了肌肉收缩。

在(3b)中,我把那些术语移到了句尾:

... uses **calcium**.

... controlled by the drug called **calcium blockers**.

... is the **sarcomere**.

... four proteins that regulate contraction: **actin, tropomyosin, and troponin** in the thin filament and **myosin** in the thick one.

... **an energy-producing or ATPase protein** in the thick filament.

……需要**钙离子**。

……由名为**钙离子拮抗剂**的药物控制。

……是**肌节**。

……四种控制收缩的蛋白：细肌丝中的**肌动蛋白**、**原肌球蛋白**、**肌钙蛋白**和粗肌丝中的**肌球蛋白**。

……**粗肌丝中产生能量的肌球蛋白或者 ATP 酶蛋白**。

这样的行文规则同样适用于针对专业领域读者的文章。下面这段文字摘自《新英格兰医学期刊》(*New England Journal of Medicine*)，作者刻意使用后设论述，把一个新术语放在句子后面。

The incubation of peripheral-blood lymphocytes with a lymphokine, interleukin-2, generates lymphoid cells that can lyse fresh, noncultured, natural-killer-cell-resistant tumor cells but not normal cells. We term these cells **lymphokine-activated killer (LAK) cells**.

将外周血液淋巴细胞与淋巴因子、白细胞介素-2共同培养可产生一种淋巴样细胞，这种淋巴样细胞能够溶解对自然杀伤细胞不敏感的新生未培养的肿瘤细胞，同时不会溶解正常细胞。我们把这样的细胞称作**淋巴因子激活杀伤细胞**。

> **要点提示**：读者希望写作者在文章中组织好语句，并消除两类阅读障碍：
> - 长而复杂的短语和分句
> - 新信息，尤其是不熟悉的术语
>
> 通常，句子应该以相对简短的成分开头，比如短小的导入性短语或分句，接着是一个简短具体的主语，然后是可以表示具体动作的动词。如果组织得好，动词后面的句子可以长达几行（见第九、第十课）。通用的原则是，由易到难安排读者读到的内容，而非由难到易。

来看个新概念：重读部分

上一课中我们提到，一句话开头的几个词尤其重要，因为它们会阐明句子主题，即这个句子要讲些什么或分析什么。一句话的最后几个词也很重要，因为它们起特别的强调作用。你也许会发现，自己的声音在读到一句话的句末会上扬，以便强调某个特定音节：

… more strongly than the o-thers(……着重……而非**其他**)。

在默读时也同样如此。

我们把一句话最需要强调的内容称为重读部分。如何安排重读部分会影响文章的节奏和韵律。倘若你用没有意义的字词结尾，句尾就会缺乏气势。

> Global warming could raise sea levels to a point where much of the world's low-lying coastal areas would disappear, **according to most atmospheric scientists.**
>
> 全球变暖会使海平面不断上升，导致世界上许多低洼沿海地区消失，**多数大气科学家表示**。
>
> According to most atmospheric scientists, global warming could raise sea levels to a point where much of the world's low-lying coastal areas **would disappear.**
>
> 多数大气科学家表示，全球变暖会使海平面不断上升，导致世界上许多低洼沿海地区**消失**。

在第三和第四课中，我们了解了不同的主语/话题会创造不同的观点。通过设计句子的结尾，你也能实现不同的文章风格。

比较以下两段话。其中一段是写来批评美国总统在伊朗军备控制问题上的软弱表现，另一个是改写版本，强调了伊朗的问题。你可以根据句子结尾进行区分：

1a. The administration has blurred an issue central to nuclear arms control, **the issue of verification.** Irresponsible charges, innuendo, and leaks have submerged **serious problems with Iranian compliance.** The objective, instead, should be not to exploit these concerns in order to further poison our relations, repudiate existing agreements, or, worse still, terminate arms control altogether, but to **insist on compliance and clarify questionable behavior.**

政府混淆了核武器控制的核心问题——**核查**。不负责的指控、影射和泄露消息已经淹没了**关于伊朗承诺的重要问题**。而伊朗不应该利用这些问题使我们的关系进一步恶化、推翻现有协议、甚至完全消除军控,而应该**坚持承诺并澄清可疑行为**。

1b. The issue of verification—so central to nuclear arms control—has been **blurred by the administration.** Serious problems with Iranian compliance have been submerged in **irresponsible charges, innuendo, and leak**s. The objective, instead, should be to clarify questionable behavior and insist on compliance—not to exploit these concerns in order to **further poison our relations, repudiate existing agreements, or, worse still, terminate arms control altogether.**

核查问题——核武器控制的核心——被**政府混淆了**。关于伊朗承诺的重要问题已经淹没在**不负责任的指控、影射和泄露消息**之中。而伊朗应该澄清可疑行为并坚持承诺——不应该利用这些问题**进一步恶化我们的关系、推翻现有协议、甚至完全消除军控**。

> **要点提示**:我们会通过一句话的前几个单词寻找写作者的观点,而在最后几个单词中,我们寻找他们特别强调的内容。如果你在写作中需要强调特别重要的内容,不妨调整一下句子结构,突出那些你想让读者注意的字词。

重读部分的诊断和修改

处理好句子的主语和话题之后,你可以试着把需要重读的词放到句尾。然后,你可以大声朗读句子进行检验。读到最后三四个词时,用力敲手指,就像在演讲中重读这些词。如果敲到的词不值得重读,就得另寻其他词,并把新找到的词放在紧靠句尾的地方。下面是一些具体的方法。

三种修改策略

1. 调整句尾。

   Sociobiologists claim that our genes control our social behavior **in the way we act in situations we are in every day.**
   生物社会学家称我们的基因控制着**我们每天应对各种情况方式中的**社会行为。

因为社会行为的意思就是我们应对各种情况的方式,所以我们可以把它们全部省略:

   √ Sociobiologists claim that our genes **control our social behavior.**
   生物社会学家称我们的基因**控制着我们的社会行为**。

2. 将次要的概念移到左边。

   The data offered to prove ESP are weak, **for the most part.**
   数据证明了 ESP 很脆弱,**在很大程度上**。
   For the most part, the data offered to prove ESP are weak.
   在很大程度上,数据证明了 ESP 很脆弱。

左移后,尤其避免了句尾后设论述语气的减弱。

Job opportunities in computer programming are getting scarcer, **it must be remembered**.

计算机编程的就业机会越来越少了，要知道。

✓ **It must be remembered** that job opportunities in computer programming are getting scarcer.

要知道，计算机编程的就业机会越来越少了。

3. 将新信息移到右边。

一种更常用的处理重读部分的方法是将新信息移到句尾。

Questions about the ethics of withdrawing intravenous feeding are more difficult [than something just mentioned].

有关终止注射进食的伦理问题[比前文提到的某些问题]更加困难。

✓ More difficult [than something just mentioned] are **questions about the ethics of withdrawing intravenous feeding**.

[比前文提到的某些问题]更加困难的是**有关终止注射进食的伦理问题**。

六种实现准确强调的句法手段

我们有好几种句法手段能帮助你处理好在句子的哪个地方强调新信息。本句中就使用了其中一种手段。

1. There 的转移功能。虽然有些编辑很讨厌 there is/there are 句型，但是这种句型却能帮你把主语移到右边进行强调。试比较：

Several syntactic devices let you manage where in a sentence you locate units of new information.

几种句法手段能帮助你处理好在句子的哪个地方放置新信息。

✓ There are **several syntactic devices** that let you manage where in a sentence you locate units of new information.

有几种句法手段能帮助你处理好在句子的哪个地方放置新信息。

有经验的写作者通常会用 there 作为段落开头引出下文中要描述的新的主题和概念。

2. 被动语态(最后再提一次)。被动语态动词能互换主语和宾语位置。试比较：

> Some claim that our genes influence _{active} aspects of behavior that we think are learned. **Our genes**, for example, seem to determine ...
> 一些生物社会学家称我们的基因会影响_{主动语态}许多我们认为是后天习得的行为。比如说，**我们的基因**似乎决定了……

> √ Some claim that aspects of behavior that we think are learned are in fact influenced _{passive} **by our genes. Our genes**, for example, seem to determine ...
> 一些生物社会学家称许多我们认为是后天习得的行为实际上受制于_{被动语态}**我们的基因**。比如说，**我们的基因**似乎决定了……

由于句子使用了被动语态，我们才能以从旧到新的合理顺序获取信息。

3. 用 what 转移句子重心。使用 what 也可以将句子某部分向右移动，以此来强调该成分：

> We need a monetary policy that would end fluctuations in money supply, unemployment, and inflation.
> 我们需要一种货币政策来终结货币供应量波动、失业和通货膨胀。

> √ **What** we need **is** a monetary policy that would end fluctuations in money supply, unemployment, and inflation.
> 我们需要**的是**一种货币政策，它将终结货币供应量波动、失业和通货膨胀。

4. 用 it 转移句子重心。如果句子主语是较长的名词性从句，则可以将其后置，用 it 开头。

> **That oil prices would be set by OPEC** once seemed inevitable.
> **石油价格由石油输出国组织决定**，这曾被视为理所应当。
>
> √ It once seemed inevitable **that oil prices would be set by OPEC**.
> 曾经，石油价格被理所应当地视为**由石油输出国组织决定**。

5. 使用 Not only X，but (also) Y (as well)。看下面这组句子，注意如何用 but 强调句末成分。

> We must clarify these issues **and develop deeper trust**.
> 我们必须澄清此事，**增进互信**。
>
> √ We must not only clarify these issues but also **develop deeper trust**.
> 我们不仅要澄清此事，还要**增进互信**。

除非一定要强调负面内容，否则句子最好以正面内容结尾：

> The point is to highlight our success, **not to emphasize failures**.
> 这样做的目的是突出我们的成功，**而非强调失败**。
>
> √ The point is not to emphasize our failures, but **to highlight our success**.
> 这样做的目的不是为了强调失败，而是**要突出我们的成功**。

6. 代词替换和省略。有这样一个有趣的观点：如果在句尾重复使用前面刚出现过的词，这个句子的收尾就显得平淡，因为我们内心听到的声音在句末会减弱。如果把接下来的这句，还有下一句读出声，你会发现声音在每句结尾处都会减弱。

为避免这种句尾声音的减弱，我们就要重写句子或使用代词，而不是在句末重复前面的词。例如：

> A sentence will seem to end flatly if at its end you use a word that you used just a few words before, because when you repeat that word, your voice **drops**. Instead of repeating the noun, use a **pronoun**. The reader will at least hear emphasis on the word just **before** it.

如果在句尾重复使用前面刚出现过的词，这个句子的收尾就会缺乏力度，因为重复读那个词时，你的声音会**减弱**。所以，要避免重复名词，以**代词**取代。这样读者至少可以听到 *it* **前面**强调的那个词。

有时，你也可以直接删掉后面重复的词：

> It is sometimes possible to represent a complex idea in a simple sentence, but more often you cannot.

有时一个简单句就可以表达复杂的意思，但多数时候并不能。

如果想要文章出彩，作者会在句末用一些修辞手法来收尾。我们将在第十课对此专门进行讨论。

话题、强调、主题和连贯

有些句子的重读部分还有一项功能，那就是让整段话在读者那里变得更加连贯。上一堂课中我们提到，如果作者在句子开头用一个精炼的名词短语（通常是这句话的主语）就把话题说得一清二楚，那么读者就会把这个短语视作句子的话题。按照这个标准，大多数读者会认为下面这段话主次不分，每个句子的开头都没头没脑，缺乏一条贯穿前后文的主线：

1a. Great strides in the early and accurate diagnosis of Alzheimer's disease have been made in recent years. Not too long ago, senility in an older patient who seemed to be losing touch with reality was often confused with Alzheimer's. Genetic clues have become the basis of newer and more reliable tests in the last few years, however. The risk of human tragedy of another kind, though, has resulted from the increasing accuracy of these tests: predictions about susceptibility to Alzheimer's have become possible long before the appearance of any overt symptoms. At that point, an apparently healthy person could be devastated by such an early diagnosis.

近年来,阿尔茨海默病的早期诊断和确诊方面取得了很大进展。在这之前,因为上年纪而与现实脱节的老年病人常常被误认为患有阿尔茨海默病。但是基因上的线索已经成为近些年来更加新型可靠测试的基础。尽管如此,另一种人间悲剧发生的风险随着这些测试越来越准确也出现了:在未出现任何明显症状之前就能预测出会患上阿尔茨海默病。这时,一个看起来还很健康的人会因为确诊得如此之早而备受打击。

如果我们略做修改,让上面这段文字的话题前后一致,它的内容就会更加连贯(话题词语用粗体表示):

1b. In recent years, **researchers** have made great strides in the early and accurate diagnosis of Alzheimer's disease. Not too long ago when a **physician** examined an older patient who seemed out of touch with reality, **she had** to guess whether the **person** was senile or had Alzheimer's. In the past few years, however, **physicians** have been able to use new and more reliable tests focusing on genetic clues. But in **the accuracy of these new tests** lies the risk of another kind of human tragedy：**physicians** may be able to predict Alzheimer's long before its overt appearance，but **such an early diagnosis** could psychologically devastate an apparently healthy person. 近年来，**研究者**在阿尔茨海默病的早期诊断和确诊方面取得了很大进展。在这之前，**医师**在检查发现一些老年患者出现与现实脱节的情况后，**她会拿不准**这种情况是上了年纪导致的还是因为患上了阿尔茨海默病。但在过去几年，医师得以借助基于基因线索的新型可靠测试来进行判断。**这些新型测试虽然准确**，却潜藏着另一种人间悲剧的风险：医师的确可以在病人出现明显病症之前就预测出他会患上阿尔茨海默病，但是**诊断得如此之早**会让这个看起来还很健康的人在心理上备受打击。

修改后的段落只有两个话题：研究者/医师，测试/诊断。

但是，如果再改动一下，这段文字会更加连贯。将关键词放在段落中第一句的重读位置上，以强调关键概念，让其将段落其余部分组织起来。

这段第一句的重读位置落在"诊断"之前：... The early and accurate diagnosis of Alzheimer's disease.（……阿尔茨海默病的早期诊断和确诊。）但这段的重点不在于病症的诊断而在于其风险。可是这条线索直到我们读完前半段的时候才出现。

如果一个段落的关键概念在第一句就出现，尤其是在第一句的收尾处（重读位置）出现，那么读者就更容易抓住整段的重点。读者在读第一句或前两句时，就在找下面会反复出现和扩充的关键概念，这些概念往往就是开头句、框架性语句或介绍性语句的最后几个词。

下一句是阿尔茨海默病段落中的新开头，在该句中，读者不仅会注意有关阿尔茨海默病及新诊断方法的关键概念，同时也会关注文中出现的新问题，即如何告知那些高危人群诊断结果。

In recent years, researchers have made great strides in the early and accurate diagnosis of Alzheimer's disease, but those diagnoses have raised **a new problem** about **informing those most at risk who show no symptoms of it.**

最近几年，研究者在阿尔茨海默病的早期诊断和确诊方面取得了很大进展，但这些**诊断**又提出了**一个新的问题**，即如何**将诊断结果告知那些尚未表现出任何症状的高危人群**。

我们把这些贯穿全文的关键概念称作**主题**。
请注意下面段落中突出显示的单词：
- 关于测试的加粗单词。
- 关于精神状态的斜体单词。
- 关于新问题的大写单词。

这些概念都是在开头句的收尾处提出来的，特别是有关新问题的主题。

√ 1c. In recent years, researchers have made great strides in the early and accurate **diagnosis** of *Alzheimer's diseases*, but those **diagnoses** have raised A NEW PROBLEM about INFORMING THOSE *MOST AT RISK* WHO SHOW NO SYMPTOMS OF IT. NOT too long ago, when a physician examined an older patient who seemed *out of touch with reality*, she had to **guess** whether that person had *Alzheimer's* or was *only senile*. In the past few years, however, physicians have been able to use **new and more reliable tests** focusing on genetic clues. But in the accuracy of these **new tests** lies the RISK OF ANOTHER KIND OF HUMAN TRAGEDY: physicians may be able to **predict** *Alzheimer's* long before its overt appearance, but such an early **diagnosis** could PHYCHOLOGICALLY DEVASTATE AN APPARENTLY HEALTHY PERSON.

> 最近几年，研究者在阿尔茨海默病的早期**诊断**和确诊方面取得了很大进展，但这些**诊断**又带来了**新**的**问题**，即如何将诊断结果告知那些尚未表现出任何症状的**高危人群**。在这之前，医师在检查发现一些老年患者出现与现实脱节的情况后，她会**拿不准**这种情况是上了年纪导致的还是因为患上了阿尔茨海默病。但在过去几年，医师得以借助基于基因线索的**新型可靠测试**来进行判断。这些**新型测试**虽然准确，却潜藏着**另一种人类悲剧的风险**：医师的确可以在病人出现明显症状前就**预测出**他会患上阿尔茨海默病，但是**诊断**得如此之早会让这个看起来还很健康的人在心理上备受打击。

使这个段落连贯紧凑的原因有三个：
- 话题始终围绕医师和诊断展开。
- 一些词组贯穿全段，它们聚焦在这些主题上：(1) 测试；(2) 精神状态；(3) 新问题。
- 通过开头句结尾的强调使读者注意到这些主题，这也是个很重要的原因。

这一原则适用于较长段落（只有两三句话的介绍性段落、过渡性段落等除外）中的句子，也适用于段落（无论长短）甚至是整个篇章的导入句。

> **要点提示**：只有当我们读到的概念贯穿全文时，才会感到文章读起来连贯通顺。你可以使用以下两种写作方法帮助读者在阅读时把握这些概念。
> - 反复强调和人物有关的概念，它们是句子的话题，通常担当主语。
> - 反复强调除人物外的其他主题，它们会以名词、动词和形容词的形式出现在文中别的地方（见第七课）。
>
> 如果你在段落开头句的收尾处强调这些概念的话，读者会更容易注意到。

我们现在可以将本课介绍的原则与之前学习的内容加以结合，补全上一课结尾处的表格：

固定	话题	重读部分	
可变	短、简单、熟悉的	长、复杂、陌生的	
固定	主语	谓语（动词）	_____
可变	角色	动作	_____

第六课

动　　机

> 良好地界定问题,已将问题解决了一半。
>
> ——约翰·杜威(John Dewey)
>
> 回顾从前,我觉得看清问题要比解决问题困难得多。
>
> ——查尔斯·达尔文(Charles Darwin)

理解动机

在前四课中,我主要讲述了句子和语段的特征。这些特征使得句子及语段读起来清晰连贯、易于理解。对于一些更长篇幅的文字,如自然段落、章节及整篇文章来说,它们的特征也同样会影响读者在阅读时是否可以清楚顺畅地理解文字。因此,在本课及下一课中,我会主要就这些问题进行讨论。首先要说的就是导语。好的导语能够条理清晰地展现文章内容和层次结构,方便读者理解。

如果我们对一个话题产生了浓厚的兴趣,即使了解它要费很多工夫,我们也会尽力去找所有有关资料,然后认真阅读。在阅读的过程中,我们会努力理解那些错综复杂的句子,同时借助自己的知识储备来弥补空缺,纠正逻辑错误,弄懂复杂概念。若一个写作者能够拥有这样的读者,他绝对是幸运的。但是对于多数写作者而言,读者对他写的话题并没有多大兴趣,了解程度也不深。因此,他们需要用以下两种方法来帮助读者阅读:

- 激发读者的阅读兴趣。
- 让读者知道下面将讲述什么内容,带着问题去阅读。

如果我们读到的话题不但有趣,而且非常重要,那么我们就会非常专注地阅读下去。

在导语中陈述问题

　　从计划写作的那一刻起,你的任务不只是就一个话题展开陈述,传递你感兴趣的信息。你应该提出一个读者希望被解决的问题。然而,这个问题可能是你的读者自己都尚未留意甚至不曾意识到的。如果是这样,你将面临一个挑战:你必须准备好回答他们"那又怎样?"的疑问。你只有一次机会来回答这个问题,那就是在导语部分。在导语中,你必须触发读者的阅读动机,让他们把你提出的问题当成自己的问题。

　　以下面的导语为例(这些示例比我们通常看到的导语要短很多)。

> 1a. When college students go out to relax on the weekend, many now "binge" downing several alcoholic drinks quickly until they are drunk or even pass out. It is a behavior that has been spreading through colleges and universities across the country, especially at large state universities. It once was done mostly by men, but now even women binge. It has drawn the attention of parents, college administrators, and researchers.
> 如今很多大学生在周末出去放松时都会"纵酒",疯狂喝酒,直到把自己灌醉,甚至醉到不省人事。这种饮酒行为已在全国众多院校流行开来,特别是大型的州立大学。之前通常是男生才会纵酒,但如今女生也开始了这样的饮酒方式。这引起了家长、学校管理者和研究者的注意。

　　这段导语只讨论了一个话题,很难激发我们的兴趣。除非读者对这个问题很感兴趣,否则她可能就只会耸耸肩,然后问:"那又怎样?谁会关心大学生喝多少酒?"

　　对照看下面这段导语:它不仅指出纵酒是个有意思的话题,而且还点明,这一问题值得我们关注:

> 1b. Alcohol has been a big part of college life for hundreds of years.

From football weekends to fraternity parties, college students drink and often drink hard. But a new kind of drinking known as "binge" drinking is spreading through our colleges and universities. Bingers drink quickly not to be sociable but to get drunk or even to pass out. Bingeing is far from the harmless fun long associated with college life. In the last six months, it has been cited in at least six deaths, many injuries, and considerable destruction of property. It crosses the line from fun to reckless behavior that kills and injures not just drinkers but those around them. We may not be able to stop bingeing entirely, but we must try to control its worst costs by educating students in how to manage its risks.

饮酒已经在大学风行了上百年,成了大学生活中非常重要的一部分。无论是在球赛周末还是在兄弟会上,大学生们总要饮酒,而且常常饮酒过度。但是一种叫"纵酒"的新的饮酒方式正在众多院校流行开来。纵酒者喝得快并不是出于社交的需要,而是想把自己灌醉,甚至醉到不省人事。考虑到纵酒带来的诸多坏处,它显然不适合作为大学生活的长久消遣。据统计,过去半年来,纵酒至少了导致了六人死亡、多人受伤和大量的财物损失。纵酒不只是单纯好玩儿,而是一种害己害人的无节制行为。全面禁止纵酒或许不太可能,但是我们必须教育学生把控纵酒的风险,从而减少其危害。

尽管篇幅不长,但(1b)还是具备了大多数导语都有的三个部分。每一部分都在激发读者读下去。三个部分如下:

共同语境——问题——解决办法/要点/主张

Alcohol has been a big part of college life ... drink hard. _{shared context}
But a new kind of drinking known as "binge" drinking is spreading ... kills and injures not just drinkers but those around them. _{Problem}

We may not be able to stop bingeing entirely, but we must try to control its worst costs by educating students in how to manage itsrisks.~Solution~

饮酒已经在大学风行了上百年，成了大学生活中非常重要的一部分……而且常常饮酒过度。~共同语境~但是一种叫"纵酒"的新的饮酒方式正在……害己害人。~问题~全面禁止纵酒或许不太可能，但是我们必须教育学生把控纵酒的风险，从而减少其危害。~解决办法~

第一部分：建立共同语境

很多文章都以共同语境开篇，如(1b)里：

> Alcohol has been a big part of college life for hundreds of years. From football weekends to fraternity parties, college students drink and often drink hard.~shared context~ But a new kind of drinking known as "binge" ...

> 饮酒已经在大学风行了上百年，成了大学生活中非常重要的一部分。无论是在球赛周末还是在兄弟会上，大学生们总要饮酒，而且常常饮酒过度。~共同语境~但是一种叫"纵酒"的新的饮酒方式……

共同语境既能提供历史背景，也能用来描述最近发生的事件、某种共同的观点，或是任何足以引发读者了解的、经历过的或者乐于接受的事物的情境。

Event: A recent State University survey showed that 80% of first-year students engaged in underage drinking in their first month on campus, a fact that should surprise no one. ~shared context~ But what is worrisome is the spread among first-year students of a new kind of drinking known as "binge." ...

事件：州立大学最近的一项调查显示，80%的大一新生在开学的第一个月就有未成年饮酒行为，这一现象并不少见。~共同语境~但令人担忧的是一种叫"纵酒"的新的饮酒方式正在这些学生中流行起来……

Belief：Most students believe that college is a safe place to drink for those who live on or near campus. And for the most part they are right. _shared context_ But for those students who get caught up in the new trend of "binge" drinking ...

观点：很多学生认为既然住在学校或是学校附近，那在大学校园里饮酒会很安全。通常情况下这种想法没错。_共同语境_ 但是对于那些尝试一种叫"纵酒"的新的饮酒方式的学生来说……

以上这些形式的共同语境起到了激发读者继续阅读下文的作用。在（1b）中，我引导你认为在那样的背景下纵酒似乎是没有问题的，是为了之后颠覆你的看法。我给你设了一个套，其实是想告诉你，"你以为了解整件事，但实际上并没有"。这个 but（但），引出了接下来的条件限制：

... drink and often drink hard. _shared context_ **BUT** a new kind of drinking known as "binge" drinking is spreading ...

……饮酒，而且常常饮酒过度。_共同语境_ **但**一种叫"纵酒"的新的饮酒方式正在众多院校流行开来…

换句话说，大学内饮酒看似没有问题，"但"其实"并不是那么回事"。我正是想让你感到出乎意料，然后吸引你往下读。

经验丰富的写作者几乎都喜欢以一个看似公认的事实开篇，然后对这个事实进行肯定或反驳。在报纸、杂志，尤其是学术期刊中你可以看到无数这样的实例。运用这种手法开篇，可以像上例中那样用 1—2 句话完成。在学术期刊中，这样的内容可能长达数段，并有一个专有名称"文献综述"，写作者通过文献综述对其他研究人员做出的论述进行肯定或反驳。

然而，并不是所有的文章都会以这样的手法开篇。有的文章会直接以导语的第二个要素开篇：陈述问题。

第二部分：陈述问题

如果写作者以共同语境开篇，那么她通常会借助个别典型的词汇，如 but 或者 however 来引出问题：

> Alcohol has been a big part of college life for hundreds of years. From football weekends to fraternity parties, college students drink and often drink hard. shared context **But** a kind of drinking known as "binge" drinking is spreading through our colleges and universities. Bingers drink quickly not to be sociable but to get drunk or even to pass out. Bingeing is far from the harmless fun long associated with college life. In the last six months, it has been cited in at least six deaths, many injuries, and considerable destruction of property. It crosses the line from fun to reckless behavior that kills and injures not just drinkers but those around them. problem We may not be able to ...

> 饮酒已经在大学风行了上百年，成了大学生活中非常重要的一部分。无论是在球赛周末还是在兄弟会上，大学生们总要饮酒，而且常常饮酒过度。共同背景**但是**一种叫"纵酒"的新的饮酒方式正在众多院校流行开来。纵酒者喝得快并不是出于社交的需要，而是想把自己灌醉，甚至醉到不省人事。考虑到纵酒带来的诸多坏处，它显然不适合作为大学生活的长久消遣。据统计，过去半年来，纵酒至少导致了六人死亡、多人受伤和大量的财物损失。纵酒不只是单纯好玩儿，而是一种害己害人的无节制行为。全面禁止纵酒或许不太可能……

一个问题须包含两个部分

为了让读者认为某件事已发展成一个问题，这个问题就必须包含两个部分：

- 第一部分为"状况"或"情形"，如：恐怖主义、学费上涨、纵酒以及任何可能引发祸患的事情。

- 第二部分为这一状况造成的"不能容忍的后果",即读者绝不想付出的"代价"。

正是这种代价为读者提供了阅读动力,因为他们会感到不安,以至于想要消除或者至少减轻这种代价。恐怖主义的代价是伤亡和恐惧,学费上涨的代价是钱袋变瘪。但如果家长与学生并不因学费上涨而苦恼,那么学费上涨就不会成为一个问题。

要确定一个问题的代价时,你可以这样做:想象你向某个人陈述这一问题的状况,如果说完后他问你一句"那又怎样?",这时,你已经有答案了:

But a kind of drinking known as "binge" drinking is spreading through our colleges and universities. Bingers drink quickly not to be sociable but to get drunk or even to pass out. _{Condition} So what? **Bingeing is far from the harmless fun long associated with college life. In the last six months, it has been cited in at least six deaths, many injuries, and considerable destruction of property.**

然而"纵酒"这种饮酒方式在各大高校中传播广泛。纵酒者喝得很快,这不是为了社交目的,而是为了买醉、甚至是大醉。_{状况}那又怎样?纵酒绝非高校生活中的无害娱乐方式。据称,过去半年来,纵酒至少导致了六人死亡,多人受伤,和大量的财物损失。

It crosses the line from fun to reckless behavior that kills and injures not just drinkers but those around them. _{cost of the condition}

纵酒不只是单纯好玩儿,而是一种害己害人的无节制行为。_{状况的代价}

这一问题的状况是纵酒,代价是死伤。若纵酒无代价可言,它就不成问题。读者必须同时看到状况和代价,才会意识到这是一个问题。

两类问题:实际问题和概念问题

上面提到的问题可分为两类,这两类问题从不同的方面引发读者的兴趣。在写作时,必须加以区分。

实际问题是关于生活中的状况或情形,需要通过实际行动去解决问题。学生纵酒危及自身就是一个实际问题。

概念问题是我们对于某些事情的思考,需要通过尝试理解去解决问题。我们不知道为什么学生会纵酒,这就是一个概念问题。

学术界外的写作者通常解决实际问题;学术界内的写作者通常解决概念问题。

实际问题:我们应该做什么

纵酒属于实际问题,这里有两个原因。首先,它所需付出的代价很明显,并令读者难受。其次,为了解决纵酒问题,大家必须从不同的方面采取行动。若我们无法避免实际问题,就必须做点什么改变生活中的状况,以减轻或消除代价。

我们通常用一两个词语来描述实际问题:癌症、失业、纵酒。但这只是简略的表达。这些名词只描述了状况,却对代价只字未提。多数问题听起来就很麻烦,但任何状况都可能成为问题,只要相应的高昂代价会令你不快。例如,如果中了彩票反而让你失去朋友和家人,那么中彩票就是个实际问题。

也许你认为像纵酒这样的问题的代价是显而易见的,但是你不能指望读者看问题的观点和你相同。读者或许会关注不同的代价。你关注死伤,而大学公关部门也许只关注不好的新闻:那些纵酒的学生使我们看起来像是派对学校,损害了我们在家长心目中的形象。一些冷酷的读者也许压根不关注代价:高校学生自残或自杀那又怎样呢?这关我什么事?如果是这样,你必须想办法使这些读者关注到那些会影响他们的代价。如果你无法描述你看到的代价,并以此触动你的读者,他们也不会关心你写的内容。

概念问题:我们应该想什么

与实际问题一样,概念问题也分为状况及代价。但这两者存在诸多不同。

- 概念问题的状况都是我们不知道或不理解的。

我们可以用一些问题来表现这类状况：宇宙的质量是多少？为什么人的头发一直在生长，而腿毛却不长？

- 概念问题引发的代价，并非我们在遭受痛苦、折磨或损失时痛心疾首的感受，而是我们无法理解一些重要事物时产生的不满。

我们可以用一些读者不了解的，但更重要、更大的问题来表现这种代价：

Cosmologists don't know how much the universe weighs. _{condition} So what? Well, if they knew, they might figure out something more important: Will time and space go on forever, or end, and if they do, when and how? _{cost/larger question}

宇宙学家不知道宇宙的质量是多少。_{状况}那又怎样呢？如果知道宇宙的质量，他们就能回答更重要的问题：时间和空间会一直存在吗，它们会终结吗？如果会，是什么时候，以什么方式呢？_{代价/更大的问题}

Biologists don't know why some hair keeps growing and other hair stops. _{condition} So what? If they knew, they might understand something more important: What turns growth on and off? _{cost/larger question}

生物学家不明白为什么有些毛发一直在长，而另一些却会停止生长。_{状况}那又怎么样呢？如果知道个中原因，他们就可能明白更重要的事情：是什么在控制生长？_{代价/更大的问题}

Administrators don't know why students underestimate the risks of binge drinking. _{condition} So what? If they knew, they might figure out something more important: Would better information at orientation help students make safer decisions about drinking? _{cost/larger question}

行政人员不知道为什么学生会低估纵酒的危险。_{状况}那又怎样呢？如果知道，他们就能解决更重要的问题：什么样的指导信息能影响学生喝酒的决定，使饮酒更安全？_{代价/更大的问题}

某些情况下，比如最后一个例子，这个"大问题"表现的是读者不知道该怎么做一件事。但这样的问题仍然是概念性的，因为它说明我们在这方面缺乏认识,况且这个问题要靠信息而非行动去解决。

设想一下:在概念问题上,小问题的答案会对解决更大、更重要的问题有帮助。读者会被小问题激发兴趣是因为它们也很重要,它们影响了大问题。

如果小问题的答案不能帮助解决更大、更重要的问题,那么这个小问题就不值得问。亚伯拉罕·林肯(Abraham Lincoln)发表《葛底斯堡演说》(Gettysburg Address)时穿的袜子是什么颜色?这个问题不太可能为我们理解重大问题提供帮助。而下面这个问题可以:林肯是如何策划这次演讲的?如果知道这个答案,我们也许就能了解更重要的事情:林肯讲稿的写作特点。

> **要点提示**:和读者一样,你通常会对大问题感兴趣。但是,受到时间、资金、知识、技能和版面的限制,你可能无法很好地回答更大的问题。因此你要找到一个能够回答的问题。在策划文章时,要保证你的问题足够小以便能得到解答,同时这个问题还要引向一个足够大的问题,以引起你和读者的关注。

第三部分:陈述解决方案

所谓的解决方案就是你要说明的要点或主张。实际问题和概念问题不同,解决两者的办法自然也不同。我们用实际行动来解决实际问题,读者(或某人)必须改变现有的行为方式。我们用信息来解决概念问题,读者(或某人)应该改变思考问题的方式。你对一个小问题的回答可以帮助读者理解一个大问题。

实际问题

要解决一个实际问题,你必须提议读者(或某人)行动起来,让这个世界发生一点改变:

... behavior that crosses the line from fun to recklessness that kills and injures not just drinkers but those around them. ₍problem₎ **We may not be able to stop bingeing entirely, but we must try to control its worst costs by educating students in how to manage its risks.** ₍solution/point₎

……纵酒不再单纯是为了好玩儿，而成了一种毫无节制的行为，既害己又害人。₍问题₎**全面禁止纵酒或许不太可能，但是我们必须教育学生把控纵酒的风险，从而减少纵酒的危害。**₍解决办法/观点₎

概念问题
要解决概念问题，你必须讲清楚你想让读者理解或相信什么：

… we can better understand not only the causes of this dangerous behavior but also the nature of risk-taking behavior in general. ₍problem₎ **This study reports on our analysis of the beliefs of 300 first-year college students. We found that students were more likely to binge if they knew many stories of other students' bingeing, so that they believed that bingeing is far more common than it actually is.** ₍solution/point₎

……我们不仅能更好地理解这一危险行为的成因，还能深入了解这类冒风险行为的本质。₍问题₎**这份研究报告对 300 名大一新生的看法进行了分析。我们发现那些知道了很多其他同学纵酒事迹的学生，会更容易去纵酒，因为他们觉得纵酒太普遍了，而实际却并非如此。**₍解决办法/观点₎

正如杜威和达尔文所说，世上难事莫过于发现值得回答或解决的问题，因为如果没有问题，你给出的答案也没有价值。

另一部分：前奏

在导语部分，写作者偶尔还可以用一招。之前你或许学过要"抓住读者的眼球"，你可以引用一句流行语、一个事实或是一段轶事。虽然最引人注意的无疑还是一个需要解决的问题，但是一个吸引人的开头可以生动地引入主题，主题对你接下来的阐述可谓至关重要。如果要给这一技巧命名的话,我们可以借用一个音乐术语"前奏"。自然和社会科学领域的写作者很少会用到"前奏"这样的词。这类词在人文科学和目标读者为大众的写作中更常见。

在关于纵酒的文章中,此处有三种前奏可以帮你撑起关键主题:

1. 导语

"If you're old enough to fight for your country, you're old enough to drink to it."

"如果你足够大,可以为国家而战,你就足够大,可以为国家 干杯。"

2. 爆炸性事实

A recent study reports that at most colleges, three out of four students "binged" at least once in the previous thirty days, consuming more than five drinks at a sitting. Almost half binge once a week, and those who binge most are not just members of fraternities but their officers.

最近一项研究表明,在多数高校中,四分之三的学生近三十天内至少"纵酒"一次,一次狂饮五杯酒,甚至更多。近一半的学生一星期纵酒一次,而除了兄弟会的成员,喝得最多的还包括兄弟会中的干部。

3. 解说性轶事

When Jim S., president of Omega Alpha, accepted a dare from his fraternity brothers to down a pint of whiskey in one long swallow, he didn't plan to become this year's eighth college fatality from alcohol poisoning.

当欧米伽·阿尔法协会的主席吉姆接受兄弟会成员的挑战,一口气喝下了一品脱威士忌时,他从未料想这会使他成为今年第八位死于酒精中毒的大学生。

我们把以上三段内容合并起来：

It is often said that "if you're old enough to fight for your country, you're old enough to drink to it." quotation Tragically, Jim S., president of Omega Alpha, no longer has a chance to do either. When he accepted a dare from his fraternity brothers to down a pint of whiskey in one long swallow, he didn't expect to become this year's eighth college fatality from alcohol poisoning. anecdote According to a recent study, at most colleges, three out of four students have, like Jim, drunk five drinks at a sitting in the last thirty days. And those who drink the most are not just members of fraternities but—like Jim S., officers. striking fact Drinking, of course, has been a part of American college life since the first college opened … shared context But in recent years … problem

常言道："如果你足够大，可以为国家而战，你就足够大，可以为国家干杯。"导语 然而，欧米伽·阿尔法协会的主席吉姆再也没有这样的机会了。当他接受一位兄弟会成员的挑战，一口气喝下了一品脱威士忌时，他从未料想这会使他成为今年第八位死于酒精中毒的大学生。轶事 最近一份研究表明，在多数大学中，四分之三的大学生像吉姆一样在近三十天内有过一次喝五杯酒的经历。除了兄弟会的成员，喝得最多的还包括像吉姆那样的干部。爆炸性事实 当然，自美国建立第一所大学起，饮酒便成为大学生活中的一部分……共同语境 但是，近年来……问题

下表归纳了写导语的一般方案：

Prelude(前奏)
Shared Context(共同语境)
Problem [Condition ＋ Cost] [问题(状况＋代价)]
Solution/Main Point/ Claim(解决办法/重点/主张)

但并非每条导语都必须按照上述方法来写。前奏比较少见，可以不出现在导语中。在特殊情况下，作者也会省略或重新调整其他部分。请看下面四个常见的调整手段：

- 在读者对问题非常了解的情况下，作者有时会略去共同语境。但是，这可能会无法吸引读者的注意力，不能引入关键主题。
- 当读者对问题的状况和代价都很熟悉时，作者也可能会省略共同语境，先写问题所产生的代价，再阐述状况。
- 当读者十分清楚问题所产生的代价时，作者可能会选择不描述这部分。但这么做是有风险的，因为在没有提示的状况下，读者或许推断不出隐藏的代价是什么。
- 如果读者希望在文章最后才读到最精彩部分（这不常见），那么作者可能会在结论中才阐明解决方法、重点和主张，然后在导语部分告诉读者解决方法会在后面提出。即便如此，若你在阐述具体细节之前就写清文章重点，就可以帮助读者更好地把握论点。

虽然有很多精彩的导语都使用了这些调整手段，但在你积累足够的经验之前，最好还是遵循上述的一般方法来写导语。

导语的诊断和修改

为了判断导语是否能充分地调动读者的积极性，你可以这样做：

1. 确定你提出的是实际问题还是概念问题。你是想让读者"践行"某件事呢？还是只是引导读者"思考"某件事？

2. 在导语后、各章、各小节之间画一条线。如果连你自己都无法快速地将你的文章划分为几个部分，就别指望你的读者能做到了。

3. 将导语划分为三个部分：共同语境＋问题＋解决办法/重点/主张。如果你无法快速地做到这一点，那么你的导语可能会显得没有重点。

4. 确保共同语境后的第一个句子以"但是""然而"或者其他可以表明你将挑战共同语境的词语。如果不明确地指出共同语境和问题之间的对比，读者可能会不得要领。

5. 将你的问题分为两个部分：状况和代价。

a. 状况是否与不同类型的问题相对应？

- 在实际问题中，状况一定是会造成明显代价的事物。
- 在概念问题中，状况一定是读者不熟悉或者不理解的事物。状况通常不是一个直白的问题，如"什么引发了纵酒？"，而是陈述一种读者不熟悉的情况："但是我们并不知道纵酒的人为什么会不顾众所周知的危害"。

b. 代价是否能恰当地回答"那又怎样呢？"

- 在实际问题中，对"那又怎样呢？"的回答，一定要陈述一些明显的，带来不幸的状况的后果。
- 在概念问题中，对"那又怎样呢？"的回答，一定要陈述一些读者不熟悉或者不理解的更重要的问题。

6. 用下划线标出解决办法、重点和主张，并圈出最重要的词。你应该在导语收尾处强调的地方这样做，这是为了说明你在接下来的文章中将要展开的关键主题（参考第七课中更详细的讲解）。

总结

好的导语可以激发读者、引出主题、陈述重点——即有关如何激发动机的解决办法。导语要直接，以便读者更快、更深入地理解接下来的内容。好的总结会使文章结尾更出彩。作为读者阅读的最后部分，总结应再次陈述要点、意义及内涵以引发读者进一步思考问题。总结可以比导语丰富多样，必要时，导语部分的内容还可以在总结中再次使用。只需要变换一下顺序即可：

1. 在结尾开头处陈述（或复述）你的要点、主张或问题的解决办法：

> Though we can come at the problem of bingeing from several directions, the most important is education, especially in the first week of a student's college life. But that means each university must devote time and resources to it.

尽管我们可以从多方面解决纵酒问题，但最重要的手段还是教育，尤其是大学生的入学教育。但这意味着每所大学都必须花费时间和资源。

2. 如果可以，用一种新方式回答"那又怎样呢？"来阐述其意义。若做不到，就复述导语部分的内容，来阐述其好处：

If we do not start to control bingeing soon, many more students will die. If we start to control bingeing now, we will save many lives.
若不尽快控制纵酒，就会有更多学生为此丧命。如果现在开始控制纵酒，就能挽救很多生命。

3. 进一步提出一个尚待解决的未知问题，并用"现在又该怎么办"来回答：

Of course, even if we can control bingeing, the larger issue of risk-taking in general will remain a serious problem.
当然，即便纵酒得到控制，更广义的一般冒险行为会造成更严重的问题。

4. 以一则能与前奏呼应的轶事、引用或一个事实结尾。用音乐术语表示就是"尾声"。（同样，这样的结尾常用在大众文本写作中，自然和社会科学的文章很少用）：

We should not underestimate how deeply entrenched bingeing is: We might have hoped that after Jim S.'s death from alcohol poisoning, his university would have taken steps to prevent more such tragedies. Sad to say, it reported another death from bingeing this month.

> 我们不能低估纵酒现象的严重程度：吉姆死于酒精中毒后，我们还期望他所在的大学能采取措施避免更多类似的悲剧。可悲的是，该校本月又有人因纵酒死亡。

当然，还有其他的结尾方式，但如果你一时想不起来更好的，这个方法还是可行的。

第七课

整体连贯

> 写文章的两大要诀：第一是运用过渡和连贯法则，即懂得如何在思路演进过程中用前文引出后文的技巧，做到环环相扣——行文是否流畅明快全在于前后是否连贯；第二是句子互相修饰。紧密且流畅串联起来的句子彼此呼应，产生书面表达中最有力的修辞效果。
>
> ——托马斯·德·昆西（Thomas De Quincey）

理解全文框架对阅读的影响

上一课里，我阐述了文章介绍性部分必须具备的两个要点：

第一，提出读者关心的话题，激发他们的阅读兴趣。

第二，提炼出后文要进一步阐述的要点和重点概念，构建全文其余部分的框架。

这一课中，我将阐述如何将第二点运用于全文各部分的写作——章节、小节和各段落。"连贯"这个词与"清晰"一样，不是指文中的哪一处，而是指读者理解阅读内容的一种体验。

读者希望作者可以提示他们，在阅读时需要调动哪些储备知识，以及如何将这些储备知识与文章内容结合起来。因此，作者需要主动给读者这样的提示。这一课将就如何提示进行具体阐述。

提示主题，连贯全文

虽然我们在第四课、第五课中探讨了短篇文章的内部连贯性，在第六课中讨论了导语的写法，但光靠这些还不够。想要帮助读者把握文章的连贯性，你得注意循序渐进。首先，开头选用简短、易理解的内容，文章、章节、小节开头均如此。这样既能交代主旨，又能帮助读者把握要点,以便更好地理解下文内容。其次,在文章的主体部分再对开头陈述的要点和主题进行论证、阐述或解释。

要帮助读者把握篇章间连贯与段落内连贯,请遵守以下六条原则。

篇章间连贯:

1. 读者必须知道导语在哪里结束,正文从哪里开始,每一章节在哪里结束,下一章节从哪里开始。用包含章节关键主题的标题来指明该章节的起始位置(请参考下文第五条原则)。如果文章这部分不使用标题,请在终稿中将标题删除。

2. 在导语末尾,读者会寻找文章的要点或问题的解决方法,因此需在此处说明接下来要探讨的主题。如果一定要将主题放在文章结尾,那么请在导语的末尾加一句话,提示后文将讨论主题。

3. 在正文中,读者会寻找导语末尾涉及的主题概念,并结合这些概念对全文进行理解。因此,要确保时不时地重复这些主题。

段落内连贯:

4. 读者会寻找一个介绍各章或小节的小段落。

5. 在导语段落的末尾,读者会寻找一个句子,这个句子能够陈述章节要点和专门用作章节主题的特定概念。

6. 在每一章节的主体部分,读者会在导语部分的结尾处寻找主题,用以梳理自己对这一节的理解。要记得时不时地重复这些主题概念。

鉴于篇幅有限,我无法用整篇文章或较长篇幅来举例阐释这些原则,只能用一些段落加以说明,希望你能以此来类比文章的架构。

阅读以下段落:

1a. Thirty sixth-grade students wrote essays that were analyzed to determine the effectiveness of eight weeks of training to distinguish fact from opinion. That ability is an important aspect of making sound arguments of any kind. In an essay written before instruction began, the writers failed almost completely to distinguish fact from opinion. In an essay written after four weeks of instruction, the students visibly attempted to distinguish fact from opinion, but did so inconsistently. In three more essays, they distinguished fact from opinion more consistently, but never achieved the predicted level of performance. In a final essay written six months after instruction ended, they did no better than they did in their preinstruction essays. Their training had some effect on their writing during the instruction period, but it was inconsistent, and six months after instruction it had no measurable effect.

一项研究对30名六年级学生进行了为期八周的区分事实与观点的训练,并通过分析他们写的文章来判断训练效果如何。区分事实与观点的能力是做出一切合理论证能力的重点。接受指导前,学生写文章时几乎完全不能区分事实与观点。经过四周的指导后,学生在写文章的过程中明显开始尝试区分事实与观点,但表现并不稳定。随后让学生再写三篇文章,可以看到学生区分事实与观点的表现趋于稳定,但仍未达到预期水平。在指导结束的六个月后,让学生再写一篇文章,发现学生的表现回到了未经指导时的水平。该训练在指导期间对提高学生写作有效果,但并不稳定,在指导结束的六个月后便不见成效了。

在上一段中,开头几句话介绍了文章其余部分的内容,但并未点出下文出现的几个关键概念:inconsistently(不稳定)、never achieved(从未达到)、no better(回到未经指导时的水平)、no measurable effect(不见成效)。这些概念对于整段的要点至关重要,对组织其余部分的架构也可能有帮助。更糟的是,我们要读到结尾处才能得知要点:训练的效果并不长久。因此,我们读起来会觉得段落一开始并不切题,直到最后才点明,这时我们需要重读前文才能理解整段内容的意思,而这大大耗费了我们的精力。

比较下面的版本:

1b. In this study, thirty sixth-grade students were taught to distinguish fact from opinion. They did so successfully during the instruction period, but the effect was inconsistent and less than predicted, and six months after instruction ended, the instruction had no measurable effect. In an essay written before instruction began, the writers failed almost completely to distinguish fact from opinion. In an essay written after four weeks of instruction, the students visibly attempted to distinguish fact from opinion, but did so inconsistently. In three more essays, they distinguished fact from opinion more consistently, but never achieved the predicted level of performance. In a final essay written six months after instruction ended, they did no better than they did in their preinstruction essay. We thus conclude that short-term training to distinguish fact from opinion has no consistent or long-term effect.

该研究对 30 名六年级学生进行了如何区分事实与观点的训练。学生在训练期间可以成功做到区分,但训练效果并不长久,且低于预期,在训练结束六个月后便不见成效了。在接受指导前,学生写文章时几乎完全不能区分事实与观点。经过四周的指导后,学生在写文章的过程中明显开始尝试区分事实与观点,但表现并不稳定。随后让学生再写三篇文章,可以看到学生区分事实与观点的表现趋于稳定,但仍未达到预期水平。在指导结束的六个月后,让学生再写一篇文章,发现学生的表现回到了未经指导时的水平。我们因此得出结论,区分事实与观点的短期训练效果不稳定,也不长久。

在(1b)中,我们可以很快看出开头两句话介绍了下文内容,而且在第二句中同时出现了段落要点(下划线部分)及段落的关键概念(粗体部分):

1b. In this study, thirty sixth-grade students were taught to distinguish fact from opinion. They did so successfully during the instruction period, but the **effect was inconsistent and less than predicted**, and six months after instruction ended, the instruction had **no measurable effect.**

该研究对30名六年级学生进行了如何区分事实与观点的训练。学生在训练期间可以成功做到区分,但训练效果并不长久,且低于预期,在训练结束六个月后便不见成效了。

因此,我们认为这样组织段落更加合理,读起来也更容易理解。

现在设想有两篇文章:在第一篇文章中,每一章节和整篇文章的要点都置于各章节和文章的末尾(如1a),且章节和文章的开头都没有介绍下文的关键概念;而第二篇文章于章节、小结及全文的导语部分就点明了要点(如1b)。哪一篇文章更容易阅读,也更容易理解呢?当然是第二篇了。

记住如下原则:把包含要点的句子(要点句)置于简短的引入部分的末尾;确保冗长、复杂部分开始之前的最后一句是要点句。

- 段落的导语部分可能只有一句,那么它就是读者在阅读下文之前读到的最后一句。如果某个段落的引入部分有两句(例如1b),要点应出现在第二句中,以确保读者在阅读下文之前读到的最后一句是要点句。
- 对于章节,导语部分可能占用一段话或更多的篇幅。而对于整篇文章,可能需要几段话。但不论导语部分有多长,都要把要点句放在最后。确保读者在阅读长且复杂的正文之前读到的最后一句话是要点句。

缺乏经验的写作者认为,如果在导语部分向读者透露文章的要点,会使他们丧失继续阅读的兴趣。事实并非如此。如果作者能以有趣的话题激起读者的兴趣,他们自然会想看看作者如何进一步阐释。

> **要点提示**：要写出连贯的文章，每一章节、小节以及全文都要以简短易懂的导语部分开头。导语部分的最后一句须点出这一部分的要点及下文的关键主题。抽取各部分的要点句构建文章的逻辑架构——大纲。如果读者无法读出清晰的大纲，他们可能就会认为这篇文章不连贯。

确保连贯性的两点要求

只要能把握要点，读者无论读到什么内容都不难把握其含义。而要使文章整体连贯，还有两点不可忽视。

1. 无论在单个章节还是整篇文章中，都要确保读者能够看出内容与要点有何关联

请看以下段落：

> We analyzed essays written by sixth-grade students to determine the effectiveness of training in distinguishing fact from opinion. In an essay written before training, the students failed almost completely to distinguish fact and opinion. These essays were also badly organized in several ways. In the first two essays after training began, the students attempted to distinguish fact from opinion, but did so inconsistently. They also produced fewer spelling and punctuation errors. In the essays four through seven, they distinguished fact from opinion more consistently, but in their final essay, written six months after completion of instruction, they did no better than they did in their first essay. Their last essay was significantly longer than their first one, however. Their training thus had some effect on their writing during the training period, but it was inconsistent and transient.

为了观察区分事实与观点的训练是否有成效，我们对六年级

学生的文章进行了分析。在训练之前,学生在写作时几乎完全不能区分事实与观点。他们的文章还存在语句组织和结构方面的缺点。在训练的前两次写作中,他们开始尝试区分事实与观点,但表现不稳定。他们也减少了拼写和标点错误。在第四次至第七次写作中,他们的表现更加稳定了。但是在训练结束六个月后的最后一次写作中,他们的表现与第一次几乎无异。当然,在篇幅上最后一篇文章明显比第一篇长。因此,学生的写作水平仅在训练期间有不稳定的、短暂的提高。

这段话中为什么要提到拼写、文章的结构以及长度呢?如果读者看不到这些内容和要点间的关联,他们极有可能认为这段话是不连贯的。

那如何确保内容与要点间的关联性呢?非常抱歉,对此我并不能给出一个简单的规则,因为关联性是一个抽象的概念。在此我只能列出几个最重要的例子,它们与要点间肯定是有联系的:

- 背景或语境。
- 各部分要点以及全文要点。
- 对要点的论证。
- 论证过程中涉及的证据、事实或数据。
- 对论证或相关研究方法的解释。
- 对其他观点的探讨。

2. 确保读者了解文章的顺序安排

不仅要让读者看到所读内容与主旨间的关联,更要让他们看到文章写作顺序背后的原理。此处列出三种写作顺序:时间顺序、并列顺序、逻辑顺序。

- 时间顺序

这是最简单的一种写作顺序,按时间顺序从前往后(或相反)叙述事情或阐述因果关系。同时,用 first, then, finally(首先、然后、最后)这样的衔接词标示时间顺序;用 as a result, because of that(结果、因此)这样的衔接词标示因果关系。上述探讨写作的例文就是按照时间顺序写出来的。

- 并列顺序

多个部分处于并列关系，就像支撑着同一屋檐的不同柱子。There are three reasons why …（以下三种原因导致了……）这样的句式是想要让读者理解这种文章的写作顺序，作者需要将不同的并列部分按重要性、复杂性或是其他属性进行排序。然后用标示顺序的单词或词组将它们衔接起来，如，first，second，also，another，more important，in addition（第一、第二、也、另一个、更重要的、此外）等，并列成分就是按这种顺序组织起来的。

- 逻辑顺序

这是最复杂的一种写作顺序：先举例后总结（或相反）、先假设后总结（或相反）、先立论后破论（或相反）。同时，用 for example，on the other hand，it follows that …（比如、另一方面、由此得出）这样的衔接词表示逻辑关系。

关于段落

说起来很简单，所有的段落都必须遵循以下原则：
- 开头采用一至两个简短易懂的句子，交代下文框架。
- 段落导语部分的最后一句交代要点（即通常所说的要点句）。如果导语部分只有一句，那这句被默认为要点句。
- 在要点句的句尾交代贯穿下文的要点。

问题是，不是所有段落的结构都条理清晰。我们大多数时候读到的是条理不清晰的段落。我们可以忽略具有特殊功能的小段落，比如表示转折或旁白的段落，因为我们可以很轻易地阅读或写出这样的段落。但是许多有六七句甚至更多的大段落却没有清晰的结构。即便如此，我们看到大多数段落的开始部分给接下来的部分设定了框架，或许不包括要点，或许要点在后面出现，通常在结尾。但是前一两句将确定接下来的内容，引出关键术语，这足以帮助读者理解下面的内容。

请比较以下两个段落：

2a. The team obtained exact sequences of fossils—new lines of antelopes, giraffes, and elephants developing out of old and appearing in younger strata, then dying out as they were replaced by others in still later strata. The most specific sequences they reconstructed were several lines of pigs that had been common at the site and had developed rapidly. The team produced family trees that dated types of pigs so accurately that when they found pigs next to fossils of questionable age, they could use the pigs to date the fossils. By mapping every fossil precisely, the team was able to recreate exactly how and when the animals in a whole ecosystem evolved.

该团队取得了化石的准确序列——新种类的羚羊、长颈鹿和大象取代旧的物种出现在年代较近的地质层中,之后又被其他物种取代,最终灭绝。他们重建的最精确的序列是该地点最常见的猪的种类,同时扩张迅速。团队制作了谱系图,非常准确地测定了各种类型的猪的年代,当他们发现年代不确定的化石附近的猪时,他们可以使用猪来确定化石的年代。准确定位每一块化石,团队就能够重现整个生态系统中动物的进化方式和进化时间。

2b. By precisely mapping every fossil they found, the team was able to recreate exactly how and when the animals in a whole ecosystem evolved. They charted new lines of antelopes, giraffes, and elephants developing out of old and appearing in younger strata, then dying out as they were replaced by others in still later strata. The most exact sequences they reconstructed were several lines of pigs that had been common at the site and had developed rapidly. The team produced family trees that dated types of pigs so accurately that when they found pigs next to fossils of questionable age, they could use the pigs to date the fossils.

通过准确定位他们所发现的每一块化石,该团队得以重现整个生态系统中动物的进化方式和进化时间。他们记录了新种类的羚羊、长颈鹿和大象,它们取代了旧的物种,之后又被其他物种取代,最终灭绝。他们重建的最精确的序列是该地点最常见的猪的种类,同时扩张迅速。团队制作了谱系图,非常准确地测定了各种类型的猪的年代,当他们发现年代不确定的化石附近的猪时,他们可以使用猪来确定化石的年代。

(2a)在最后一句中点明要点,而(2b)则是在第一句中点明要点。如果一篇关于化石勘探者及其工作的文本内容连贯,我们理解(2a)就不会感到困难。

这证明了清晰准确地介绍文章的章节和小节的重要性。如果读者开始读文章的时候就知道要点,接下来的几段即使不完美也能读懂。但是如果读者不知道这几段讲的是什么,那么不管接下来的每一段写得多么清晰,读者也可能读不太懂。

清晰性的一个基本原则

这个基本原则适用于单个句子、段落、章节及全文:

如果一篇文章以短段落开头,之后再接更长、更复杂的内容,读者就会更易理解,并认为这篇文章条理清晰。

- 在简单句中,应以简短易懂的主语/话题开头。请比较以下两个句子:

3a. Resistance in Nevada against its use as a waste disposal site has been heated.
内华达州对将其作为废弃物处理场的反对十分激烈。

3b. Nevada has heatedly resisted its use as a waste disposal site.
内华达州激烈反对将其作为废弃物处理场。

- 在复合句中，应以简短易懂的、表达句子要点的主句开头。请比较以下两个句子：

4a. Greater knowledge of pre-Columbian civilizations and the effect of European colonization destroying their societies by inflicting on them devastating diseases has led to a historical reassessment of Columbus' role in world history.
对哥伦布发现美洲大陆以前的文明以及欧洲殖民通过毁灭性的疾病摧毁他们的社会的更多了解，让历史学家开始重新评估哥伦布对世界历史所起的作用。

4b. <u>Historians are reassessing Columbus' role in world history</u>, because they know more about pre-Columbian civilizations and how European colonization destroyed their societies by inflicting on them devastating diseases.
<u>历史学家正在重新评估哥伦布对世界历史所起的作用</u>，因为他们对哥伦布发现美洲大陆以前的文明以及欧洲殖民如何通过毁灭性的疾病摧毁他们的社会有了更多了解。

(4a)的要点放在结尾，而(4b)在句首便陈述了要点，点出了最重要的内容——"历史学家正在重新评估哥伦布……"，后面则用更长、更复杂的从句支撑这个要点。

- 在段落中，应以简短易懂的一两个导入句开头，它们既表述段落要点，也介绍关键概念。请比较以下两个段落：

5a. Thirty sixth-grade students wrote essays that were analyzed to determine the effectiveness of eight weeks of training to distinguish fact from opinion. That ability is an important aspect of making sound arguments of any kind. In an essay written before instruction began, the writers failed almost completely to distinguish fact from opinion. In an essay written after four weeks of instruction, the students visibly attempted to distinguish fact from opinion, but did so inconsistently. In three more essays, they distinguished fact from opinion more consistently, but never achieved the predicted level. In a final essay written six months after instruction ended, they did no better than they did in their pre-instruction essay. Their training had some effect on their writing during the instruction period, but it was inconsistent, and six months after instruction it had no measurable effect.

一项研究对 30 名六年级学生进行了为期八周的区分事实与观点的训练,并通过分析他们写的文章来判断训练效果如何。区分事实与观点的能力是做出一切合理论证能力的重要方面。接受指导前,学生写文章时几乎完全不能区分事实与观点。经过四周的指导后,学生在写文章的过程中明显开始尝试区分事实与观点,但表现并不稳定。随后让学生再写三篇文章,可以看到学生区分事实与观点的表现趋于稳定,但仍未达到预期水平。在指导结束的六个月后,让学生再写一篇文章,发现学生的表现回到了未经指导时的水平。该训练在指导期间对提高学生写作有效果但并不稳定,在指导结束的六个月后便不见成效了。

5b. <u>In this study, thirty sixth-grade students were taught to distinguish fact from opinion. They did so **successfully** during the instruction period, but the effect was **inconsistent** and **less than predicted**, and six months after instruction ended, the instruction had **no measurable effect**.</u> opening segment/point In an essay written before instruction began, the writers failed almost completely to distinguish fact from opinion. In an essay written after four weeks of instruction, the students visibly attempted to distinguish fact from opinion, but did so inconsistently. In three more essays, they distinguished fact from opinion more consistently, but never achieved the predicted level. In a final essay written six months after instruction ended, they did no better than they did in their pre-instruction essay. We thus conclude that short-term training to distinguish fact from opinion has no consistent or long term effect.

<u>该研究对30名六年级学生进行了如何区分事实与观点的训练。学生训练期间可以**成功做到区分**,但训练**效果并不长久**,且低于预期,在训练结束的六个月后便**不见成效了**</u>。开始部分/要点 在接受指导前,学生写文章时几乎完全不能区分事实与观点。经过四周的指导后,学生在写文章的过程中明显开始尝试区分事实与观点,但表现并不稳定。随后让学生再写三篇文章,可看到学生区分事实与观点的表现趋于稳定,但仍未达到预期水平。在指导结束的六个月后,让学生再写一篇文章,发现学生的表现回到了未经指导时的水平。我们因此得出结论,区分事实与观点的短期训练效果不稳定,也不长久。

79 段落(5a)没有明确的导语,也没有点明段落主题。段落(5b)则有清晰的导语,点明了这一部分的要点和段落主题。

- 在章节中,应以简短易懂的段落开头;在更长的篇章中,这部分的篇幅也会相应地增加。但无论哪种情况,导语的末尾要点明这一部分的要点并介绍下文主题。由于篇幅限制,我无法在此阐述如何将这一原则运用到含有多个自然段落的篇章写作中,但这不难想象。
- 在整篇文章中,导语也许是一段或几段话,有时甚至长达几页。即使如此,这一部分的篇幅也应比余下的内容短,它的最后一句话必须介绍这一部分的关键概念,并点出全文要点。

诊断和修正:整体连贯

诊断你的文章对读者来说是否连贯易懂,要从第六课"导语的诊断

和修改"这部分内容开始,然后进行以下步骤:

1. 在文章主体部分,圈出主题和其他表示主题概念的词语。如果你找不到文章中哪里重复了连接词,那么你的读者也找不到。

2. 在每一章节和小节的导语结尾处画一条线。如果你无法快速找到章节的开头,那么你的读者也找不到。

3. 用横线画出章节中介绍要点的句子,若有第一步中遗漏的重要词语请用方框标出。这里的要点指的是章节余下内容要阐述的要点,方框标出的词语是体现章节主题的关键词。

4. 在章节的主体部分,用方框标出章节主题和其他表示主题概念的词语。如果你找不到章节中哪里重复了连接词,那么你的读者也找不到。

记住,如果你能写好每一部分的开头,就能基本保证读者顺利地理解文章。

模式写作的优缺点

一些写作者担心这样的固定写作模式会限制他们的创造力,令读者厌烦。如果你正在创作文学作品,想尽情挥洒自己的才思,你的读者也有时间和耐心欣赏一波三折的情节,那么这样的担忧是有道理的。如果你属于这种情况,请大胆地去创作,不要被我的理论束缚。

然而,在大多数情况下,我们阅读的目的是了解信息而不是文学欣赏。如果你能运用我在本书阐述的清晰和连贯原则写作,就能帮助读者实现获取信息的目的。

这样的文章对你来说也许枯燥无味,因为你会对写作过程中一直遵循的外在形式非常敏感。但读者却会十分感激,因为他们用来阅读、理解和记忆所需信息的时间极其有限,而且,他们通常都会更加关注对文章内容的理解,而不是批判文章的外在形式。

第八课

简　　洁

> 用尽可能少的词语表达自己的想法,不仅给读者节省时间也是给自己节省时间。
>
> ——约翰·卫斯理(John Wesley)

简洁的内涵

如何使自己的文章更清晰易懂?用角色充当主语,用具体行为充当谓语;选取合适的角色充当话题对象,对合适的词语进行强调;利用巧妙的导语激发读者的阅读兴趣;精心组织段落、章节和整篇文章,帮助读者领会它们之间的连贯性。

但如果写出下面这样的句子,你的读者会觉得你的文章还不够优美。

In my personal opinion, it is necessary that we should not ignore the opportunity to think over each and every suggestion offered.
根据我的个人观点,我们不能忽视仔细思考任何人提供的每一个建议的机会。

这句话中,虽然角色充当了主语,具体行为充当了谓语,但用词太啰嗦:"我的观点"肯定是属于我"个人"的,不需要另加上"个人";这句话本身就是陈述观点,不需要再重复说"根据我的观点";"仔细思考"和"不能忽视"指的都是认真考虑;"任何"和"每一个"重复了;"建议"本身就是由别人提供的。这句话简洁来说就是:

√ We should consider each suggestion.
我们应该认真考虑每一条建议。

虽然这句话并不优雅(后面两课中会谈到文风优雅的问题),但它至少做到了紧凑,也就是我们所说的简洁。

诊断和修改
简洁六原则

修改上述关于建议的句子时,我遵循了以下六条原则:
1. 删除无意义的词。
2. 删除意义重复的词。
3. 删除有其他隐含意义的词。
4. 尽可能将短语缩减为词。
5. 将否定形式改为肯定形式。
6. 删除无用的形容词和副词。

这六条原则知易行难,因为其中涉及的工作量太大了。这意味着,你写的每句话都得对照这六条原则进行压缩精简,但这样做确实奏效。

1. 删除无意义的词

有些词只是口头禅,是无意识中发出的,就和清嗓子一样:

kind of	actually	particular	really	certain	various
(有点儿)	(事实上)	(特定的)	(确实)	(确定)	(各种的)
virtually	individual	basically	generally	given	practically
(几乎)	(个别的)	(基本上)	(总体上)	(考虑到)	(实际上)

Productivity **actually** depends on **certain** factors that **basically** involve psychology more than **any particular** technology.
事实上,对生产效率造成的**确定**影响中,心理因素**基本上**超过**任何特定的**科技因素。

✓ Productivity depends on psychology more than on technology.
心理因素对生产效率造成的影响超过科技因素。

2. 删除意义重复的词

在英语发展的早期,写作者习惯在作品中用法语或拉丁语单词与

英语单词配对使用,因为外来语显得作者更有学问。现在看来,这些成对出现的单词只是累赘。常见的有:

full and complete（完全）	hope and trust（信任）	any and all（所有）
true and accurate（准确）	each and every（每一个）	basic and fundamental（基本的）
hopes and desires（希望）	first and foremost（首先）	various and sundry（各种各样的）

3. 删除有其他隐含意义的词

这种冗余情况很常见,但不易识别,因为其表现形式十分多样。

多余的修饰语

通常,单词(下文中的斜体)的意思暗含了其修饰语的含义(下文中的粗体)。

Do not try to *predict* those **future** events that will **completely** *revolutionize* society, because **past** *history* shows that it is the **final** *outcome* of minor events that **unexpectedly** *surprises* us more.
不要试图预测**未来**那些将**完全**彻底变革社会的事件,因为**过去的历史**表明,小事件的**最终**结果更加令人**出乎意料地**意外。

√ Do not try to predict revolutionary events, because history shows that the outcome of minor events surprises us more.
不要试图预测革命性事件,因为历史表明小事件的结果更令人意外。

一些常见的多余修饰:

terrible tragedy（可怕的悲剧）	various different（各种不同的）	free gift（免费的礼物）

basic fundamentals　　future plans　　　each individual
（基本的基础）　　　（未来的计划）　　（每一个个体）
final outcome　　　　true facts　　　　consensus of opinion
（最终结果）　　　　（真的事实）　　　（共识的意见）

多余的范畴词

每个词都暗示了其所属的范畴，因此你通常可以删去范畴词（下文中的粗体）：

During that period **of time**, the membrane **area** became pink **in color** and shiny **in appearance**.
在那一段的**时间**里，薄膜**区域**的**颜色**变成粉色、**表面**呈现光泽。

√ During that period, the membrane became pink and shiny.
在那一时段，薄膜变成有光泽的粉色。

84

在删去范畴词时，你可能需要将句中的形容词变成副词：

The holes must be aligned in an accurate **manner**.
空穴一定会以精准的**方式**排成一列。

√ The holes must be aligned accurately.
空穴一定会精准地排成一列。

有时你需要将形容词变成名词：

The county manages the educational **system** and public recreational **activities**.
县负责管理教育**系统**及公共娱乐**活动**。

√ The county manages education and public recreation.
县负责管理教育及公共娱乐。

以下是一些常见的冗余名词（加粗文字）：

large in **size** （尺寸大）	round in **shape** （形状圆）	honest in **character** （品行诚实）
unusual in **nature** （性质特殊）	of a strange **type** （类型奇怪）	**area** of mathematics （数学领域）
of a bright **color** （颜色明亮）	at an early **time** （早期时间）	in a confused **state** （状态混乱）

一般暗指

此类型的冗余更难识别，因为暗指往往并不明确。

> Imagine someone trying to learn the rules for playing the game of chess.
> 想象某人正在尝试学习玩国际象棋游戏的规则。

学习就意味着尝试，规则意味着玩游戏的规则，国际象棋是一种游戏。因此，可改写得更简洁：

> Imagine learning the rules of chess.
> 想象学习国际象棋的规则。

4. 尽可能将短语缩减为词

此类型的冗余问题尤难解决，因为它要求词汇量丰富，同时作者能把词汇用好。例如：

> As you carefully read what you have written to improve wording and catch errors of spelling and punctuation, is to see whether you could use sequences of subjects and verbs instead of the same ideas expressed in nouns.
> 当你仔细阅读自己所写的内容，希望改善措辞、找出拼写及标点使用错误时，在一切开始之前你要做的是，看能否使用按主语和

动词顺序组成的短句,而不是用名词表达相同的概念。

改写后:

√ As you edit, first replace nominalizations with clauses.
校订时,首先要把名词化结构替换成从句。

我将五个短语简化成了五个单词:

> carefully read what you have written→edit
> (仔细阅读自己所写的内容→校订)
> the thing to do before anything else→first
> (在一切开始之前要做的是→首先)
> use X instead of Y→replace
> (使用 X 而不是 Y→替换)
> nouns instead of verbs→nominalizations
> (名词而非动词→名词化结构)
> sequences of subjects and verbs→clauses
> (按主语和动词顺序组成的短句→从句)

我无法给出原则,告诉你何时该用单词替换短语,更无法告诉你该用什么样的单词。我只能说,你要尽可能有意识地用单词替换短语,也就是说,你要去尝试。

以下是一些需要留意的常见短语(下文中的粗体)。注意在其中一些例子中需要将名词结构转变成动词(下文中均为斜体)。

> We must explain **the reason for** the *delay* in the meeting.
> 我们必须解释会议*推迟*的原因。
> √ We must explain **why** the meeting is *delayed*.
> 我们必须解释会议*为何推迟*了。

Despite the fact that the data were checked，errors occurred.
尽管**事实是**数据已经被检查，但仍出现了错误。

√ **Even though** the data were checked，errors occurred.
尽管数据已经被检查，但仍出现了错误。

In the event that you finish early，contact this office.
倘若发生你提前完成**的情况**，请联系本办公室。

√ **If** you finish early，contact this office.
如果你提前完成，请联系本办公室。

In a situation where a class closes，you may petition to get in.
当有课程关闭**的情况发生**，你可以申请加入。

√ **When** a class closes，you may petition to get in.
当课程关闭，你可以申请加入。

I want to say a few words **concerning the matter of** money.
我想**就**金钱**这一问题**谈一谈。

√ I want to say a few words **about** money.
关于金钱，我想谈一谈。

There is a need for more careful *inspection* of all welds.
有必要对所有的焊接点进行更仔细的检查。

√ You **must** *inspect* all welds more carefully.
你**必须**仔细检查所有焊接点。

We **are in a position** to make you an offer.
我们**处于**给你报价**的位置**。

√ We **can** make you an offer.
我们**可以**给你报价。

It is possible that nothing will come of this.

什么结果也没有**是有可能的**。

√ Nothing **may** come of this.

可能什么结果也没有。

Prior to the *end* of the training，apply for your license.

在训练结束**之前**，请你申请证书。

√ **Before** training *ends*，apply for your license.

请在训练结束**前**申请证书。

We have noted a **decrease/increase in** the number of errors.

我们发现错误的数量**减少/增加**了。

√ We have noted **fewer/more** errors.

我们发现了**更少/更多**的错误。

5. 将否定形式改为肯定形式

若用否定形式表达思想，你不仅要用多余的否定词，如：same → not different（相同→没有不一样），而且还迫使读者进行"正负换算"。例如下面两句话虽意思相同，但肯定句来得更加直接。

Do not write in the negative.→Write in the affirmative.

不要用否定形式写作。→ 用肯定形式写作。

你可以改写大多数否定形式：

not careful→careless　　　　not many→few

（不细心→粗心）　　　　　　（不是很多→很少）

not the same→different　　　not often→rarely

（不是一样的→不同）　　　　（不经常→很少）

not allow→prevent　　　　　not stop→continue

（不允许→阻止）　　　　　　（不停歇→继续）

not notice→overlook　　　　not include→omit
（不注意→忽视）　　　　　（不包括→排除）

若想强调某个否定形式，则不要将其转化成肯定形式（这句话不正是个例证吗？我本可以写成：若想……则保留其否定形式）。

一些动词、介词、连词属于隐性否定词：

动词——preclude（排除），prevent（阻止），lack（缺乏），fail（失败），doubt（怀疑），reject（拒绝），avoid（逃避），deny（否认），refuse（拒绝），exclude（排除），contradict（违背），prohibit（禁止），bar（禁止）

介词——without（没有），against（反对），lacking（缺乏），but for（要不是），except（除了）

连词——unless（除非），except when（除了……时）

若将这些否定词与 not 连用，则不利于读者理解。比较以下几句：

Except when you have **failed** to submit applications **without** documentation, benefits will **not** be **denied.**
除非你提交了**没有**证件的**无效**申请，否则**不会拒绝**给予你补助。

√ You will receive benefits only if you submit your documents.
你只有提交证件才能领取补助。

√ To receive benefits, submit your documents.
若要领取补助，请提交证件。

如果你同时使用显性否定词、隐性否定词与被动语态、名词化结构，将会彻底难住读者。

There should be **no** submission of payments **without** notification of this office, **unless** the payment does **not** exceed ＄100.
若**没有**对本办公室的告知则**不得**申请付款，**除非**支付额**不**超过 100 美元。

Do not **submit** payments if you have not **notified** this office, unless you are **paying** less than $100.

若没有**告知**本办公室，则不要申请**付款**，除非你**支付**不超过100美元。

现在将否定形式改为肯定形式：

√ If you pay more than $100, notify this office first.
若你的支付额超过100美元，请先告知本办公室。

6. 删除无用的形容词和副词

很多作者都喜欢在文章中使用多余的形容词和副词。请试着删除名词前的形容词和副词，只保留读者理解文章所必需的内容。在以下段落中，应保留哪些内容？

At the heart of the argument culture is our habit of seeing issues and ideas as ~~absolute and irreconcilable~~ principles ~~continually~~ at war. To move beyond this ~~static and limiting~~ view, we can remember the ~~Chinese~~ approach to yin and yang. They are two principles, yes, but they are conceived not as ~~irreconcilable polar~~ opposites but as elements that coexist and should be brought into balance. ~~as much as possible~~ As sociolinguist Suzanne Wong Scollon notes, "Yin is always present in and changing into yang and vice versa." How can we translate this ~~abstract~~ idea into ~~daily~~ practice?

——Deborah Tannen, *The Argument Culture*

辩论文化的核心是我们习惯将所有问题和想法都看作处于持续对立状态的~~绝对的、~~不可调和的原则。要跳出这一~~静止的、~~狭隘的观点，我们可以借助~~中国的~~阴阳学说。阴和阳是两种法则，它们的确是不可调和的两极对立面，但也是能共存并且达到相互平衡的元素。尽可能引用社会语言学家苏珊·王·斯考伦的话："阴存在于阳中,且总是在向阳转化,反之亦然。"我们该如何将这一抽象的理论运用于日常的实践中呢?

——黛博拉·塔内《辩论文化》

> **要点提示:** 用最少的词汇表达你想表达的意思,读者就会认为你的文章是简洁的。
> 1. 删除无意义的词。
> 2. 删除意义重复的词。
> 3. 删除有其他隐含意义的词。
> 4. 尽可能将短语缩减为词。
> 5. 将否定形式改为肯定形式。
> 6. 删除无用的形容词和副词。

多余的后设论述

第三课中将后设论述定义为有以下功能的语言。

- 表明作者意图:to sum up(总的来说),candidly(坦白地说),I believe(我认为)。
- 指向读者:note that(注意),consider now(现在请考虑一下),as you see(如你所见)。
- 描述文章结构:first(首先),second(其次),finally(最后),therefore(因此),however(然而)。

写作时,使用后设论述是必要的,但频繁使用会淹没你的观点:

The last point I would like to make is that in regard to men-women relationships, it is important to keep in mind that the greatest changes have occurred in how they work together.

我想说的最后一点是关于男性与女性群体关系的,我们应该记住男女共同工作的方式发生的变化最大,这是非常重要的。

这 49 个字中只有 17 个字是描述男性与女性群体关系的：

men-women relationships ... greatest changes ... how they work together.

男性与女性群体的关系……男女共同工作的方式……最大的变化。

其余的都是后设论述。如果删除后设论述，我们就得到精简的句子：

The greatest changes in men-women relationships have occurred in how they work together.

男性与女性群体的关系中最大的变化发生在他们共同工作的方式上。

在明确句子的含义之后，我们可以将它变得更直接：

√ Men and women have changed their relationships most in how they work together.

男性与女性群体的关系最大的变化在于男女共同工作方式的改变。

不同领域的作者对后设论述有不同的用法，但以下两种后设论述通常可以删除。

1. 表明观点出处的后设论述

无须声明某一观点是被观察到的、察觉到的、注意到的等等，只需陈述事实：

High divorce rates **have been observed** to occur in areas that **have been determined to have** low population density.

据观察，高离婚率发生在**那些被认为**人口密度低的地区。

√ High divorce rates occur in areas with low population density.

高离婚率发生在低人口密度地区。

2. 凸显主题的后设论述

读者可根据加粗的短语了解句子的"大意"。

This section introduces another problem, that of noise pollution. **The first thing to say about it is** that noise pollution exists not only …

该部分探讨了另一个问题,噪声污染。**关于这一问题,首先要说的是**噪声污染不仅存在于……

去除上句中的后设论述,读者可更容易抓住主题:

√ **Another** problem is noise pollution. **First**, it exists not only …
  另一个问题是噪声污染。**首先**,它不仅存在于……

另外两种结构也可用于突出主题,通常用于前文已提到该主题的情况。

In regard to a vigorous style, the most important feature is a short, concrete subject followed by a forceful verb.

关于生动的写作风格,其最重要的特点是句中主语简短而具体,谓语强而有力。

So far as China's industrial development **is concerned**, it has long surpassed that of Japan.

就中国的工业发展**而言**,它已经超出日本很远了。

但一般情况下,主题可以直接放在主语中:

√ **The most important feature of a vigorous style** is a short, concrete subject followed by a forceful verb.
  生动的写作风格最重要的特点是句中主语简短而具体,谓语强而有力。

✓ **China** has long surpassed Japan's industrial development.
中国的工业发展已远超日本。

限制语和强调语

后设论述还有一种形式,用于反映作者对自己所述内容的确定程度。其中,限制语可限制确定性,强调语可强化确定性。过度使用这两类词会造成文章冗余,但它们也有用途,因为体现了作者在写作中平衡谨慎和自信的能力,从而影响读者对作者性格的判断。

限制语

常见的限制语有:

副词——usually(通常),often(经常),sometimes(有时),almost(几乎), virtually(实际上), possibly(可能), allegedly(据说), arguably(可以说), perhaps(大概), apparently(明显地), in some ways(在某些方面), to a certain extent(某种程度上), somewhat(有点), in some/certain respects(从某种意义上)

形容词——most(大部分), many(很多), some(一些), a certain number of(一定数量的)

动词——may(可能), might(可以), can(会), could(能), seem(似乎), tend(往往会), appear(显得), suggest(表明), indicate(显示)

太多限制语反而会显得拐弯抹角,比如:

> There **seems to be some** evidence to **suggest** that **certain** differences between Japanese and Western rhetoric **could** derive from historical influences **possibly** traceable to Japan's cultural isolation and Europe's history of cross-cultural contacts.
> **似乎**有一些证据**表明**,日本和西方文学修辞技巧的**某些**差异**可能**是历史原因造成的,这**可能**要追溯到日本实行文化孤立而西方注重跨文化交际的历史背景。

同时，也只有愚蠢或掌握了充分历史证据的人，才会做出下面这样斩钉截铁的断言：

> This evidence **proves** that Japanese and Western rhetorics differ because of Japan's cultural isolation and Europe's history of cross-cultural contacts.
>
> 证据**表明**，日本和西方文学修辞技巧上的差异是日本实行文化孤立而西方注重跨文化交流的历史原因造成的。

在大多数学术写作中，我们更多用以下方式阐述观点（注意这句话中用到的限制语，再看一下更为自信的说法。"学术写作中，我们这样阐发观点"）。

> √ This evidence **suggests** that **aspects** of Japanese and Western rhetoric differ because of Japan's cultural isolation and Europe's history of cross-cultural contacts.
>
> 证据**表明**，日本和西方文学修辞技巧上的**某些**差异是日本实行文化孤立而西方注重跨文化交流的历史原因造成的。

陈述观点时虽无百分之百的把握但又有足够证据做出推测，谓语动词可以用 suggest（表明）或 indicate（显示）：

> √ The evidence **indicates** that some of these questions remain unresolved.
>
> 证据**显示**这些问题还有些没解决。
>
> √ These data **suggest** that further studies are necessary.
>
> 这些数据**表明**还需要进一步的研究。

就连自信的科学家也会用限制语。下一段介绍了遗传学历史上最重大的突破，DNA 双螺旋分子结构的发现。其发现者 F.H.C. 克里克

(F. H. C. Crick)和 J.D.沃森(J. D. Watson)算得上是这方面最权威的人了,但他们发表相关文章时依然措辞谨慎(请注意第一人称"我们"及加粗的限制语):

> We **wish to suggest a** [not *the*] structure for the salt of deoxyribose nucleic acid (DNA). ... A structure for nucleic acid has already been proposed by Pauling and Corey. ... **In our opinion**, this structure is unsatisfactory for two reasons:(1) **We believe** that the material which gives the X-ray diagrams is the salt, not the free acid. ... (2) **Some** of the van der Waals distances **appear** to be too small.
>
> ——J. D. Watson and F. H. C. Crick, "Molecular Structure of Nucleic Acids"

我们**希望提出**脱氧核糖核酸(DNA)盐的**一种**[**而不是唯一的**]结构模型……鲍林和考瑞曾提出过一种核酸结构……**我们认为**这种结构还不够准确,理由有二:(1) **我们认为**,显示在 X 光图片上的物质是盐,而不是游离酸……(2) **一些**范德瓦尔斯力距**看起来**太小。

——J.D.沃森和 F.H.C.克里克,"核酸的分子结构"   91

强调语

以下是常见的强调语:

副词——very(非常),pretty(相当地),quite(很),rather(而不是),clearly(明显地),obviously(显然),undoubtedly(无疑),certainly(确实),of course(当然),indeed(的确),inevitably(必然),invariably(总是),always(常常)

形容词——key(关键的),central(中心的),crucial(至关紧要的),basic(基本的),fundamental(根本的),major(重要的),principal(主要的),essential(必要的)

动词——show(显示),prove(证明),establish(查明),as you/we/everyone(如你/我们/每个人所知),knows/can see(知道/看出来),

it is clear/obvious that(很明显)

最常见的强调语就是不使用限制语。这种情况下，少即是多。下面第一句空白处没有强调语，也没有限制语，因而显得语气强烈。

_____ Americans believe that the federal government is _____ intrusive and _____ authoritarian.

_____ 美国人认为联邦政府_____具有破坏力和_____专制性。

✓ **Many** Americans believe that the federal government is **often** intrusive and **increasingly** authoritarian.

很多美国人认为联邦政府**通常**具有破坏力，且**越来越**专制。

相对于限制语，自信的作者较少使用强调语，因为他们不想听起来像下面这段话那么肯定：

For a century now, **all** liberals have argued against **any** censorship of art, and **every** court has found their arguments so **completely** persuasive that **not a** person **any** longer remembers how they were countered. As a result, today, censorship is **totally** a thing of the past.

一个世纪以来，**所有的**自由主义者都反对**任何**形式的文艺审查制度，**每一次**法庭上的争论都**非常**有说服力，以至于**没有**人记得**任何**反对方的辩论了。所以如今，审查制度已经**完全**不存在了。

有些作者认为这种咄咄逼人的风格很有说服力。但事实恰恰相反。平和地陈述观点，更可能让读者认真思考。

For **about** a century now, **many** liberals have argued against censorship of art, and **most** courts have found their arguments persuasive **enough** that **few** people **may** remember **exactly** how they were countered. As a result, today, censorship is **virtually** a thing of the past.

约一个世纪以来,**许多**自由主义者反对文艺审查制度,**大多数**庭审中这种辩论都**很有说服力**,**极少有人还能准确**地记得反对方的辩论。所以如今,审查制度**几乎**不存在了。

92

有人认为如此频繁地使用限制语会使段落显得冗长无力。或许是这样。但写作不能像推土机那样横扫一切,而应该为合理的回应留下空间。

> **要点提示:**你所写的东西里都需要有后设论述,尤其是贯穿全文引导读者的词,比如 first(首先)、second(其次)、therefore(因此)、on the other hand(另一方面)等等。你也需要用后设论述对内容的确定性加以限制,比如 perhaps(或许)、seems(似乎)、could(可能)等等。不过也要避免过多使用。

93

第九课

形　态

> 句子有简单和复杂之分,但区别并不体现在句子长度上:一个长句的结构也可以很简单。实际上,为了简明达意,也必须做到结构简单。
>
> ——赫伯特·里德爵士(SIR Herbert Read)

句子的形态

能写出清晰简洁的句子已经相当不错了。但如果一个写作者写不出超过20词的清晰长句,那他只是能创作广告小调的作曲家。虽然有些人反对使用长句,但毕竟有些复杂的思想不能用短句表达清楚。因此,你必须懂得如何写出清晰的长句。

看看下面这句话:

> In addition to differences in religion that have for centuries plagued Sunnis and Shiites, explanations of the causes of their distrust must include all of the other social, economic, and cultural conflicts that have plagued them that are rooted in a troubled history that extends 1,300 years into the past.
>
> 除了折磨逊尼派和什叶派几个世纪的宗教分歧,他们互不信任的原因肯定包括追溯到1 300年前根植于混乱历史折磨他们的社会、经济和文化冲突。

即使表达上文中的意思需要那么多单词(其实并不需要),我们也可以重新组织词语,写出条理更加清晰的句子。

首先,我们可以将抽象名词转化为角色/主语搭配行为/谓语,并将长句拆分成若干短句:

Historians have tried to explain why Sunnis and Shiites distrust one another today. Many have claimed that the sources of conflict are age-old differences in religion. But they must also consider all the other social, economic, and cultural conflicts that have plagued their 1,300 years of troubled history.

历史学家试着解释逊尼派和什叶派如今互不信任的原因。许多人认为冲突缘于由来已久的宗教分歧。但他们也必须考虑造成他们长达 1 300 年混乱历史的所有社会、经济和文化冲突。

不过,这几句话读起来有些破碎,写成下面这样会更好:

√ To explain why Sunnis and Shiites distrust one another today, historians must study not only age-old religious differences, but all the other social, economic, and cultural conflicts that have plagued their 1,300 years of troubled history.

为了解释逊尼派和什叶派如今互不信任的原因,历史学家不仅需要研究由来已久的宗教分歧,还要研究造成他们长达 1 300 年混乱历史的所有社会、经济和文化冲突。

这个句子有 36 个单词,但没有杂乱无章。所以说,句子生硬不一定全是长度造成的。在这一课中,我会重点介绍如何将长难句写得清晰有条理。

诊断和修改:杂乱无章

与其他的文风问题一样,你更容易发觉别人文章中的杂乱无章,而对自己同样的问题较难察觉。因此,必须采用能够排除潜意识主观判断的方法,对自己的写作进行诊断。

首先,找出长度超过两行的句子,大声朗读。如果你发现朗读某一长句时快上气不接下气了还是无法找到一个可以把句子中各成分整合起来形成一个单独意群的结构可以停顿（现在可以喘口气了），你看，这就是磕磕绊绊的长句，也是读者希望你修改的句子。还有一种情况，你的句子中间充斥着一个又一个停顿，断断续续，停下来又开始。

读者遇到下列三种情况时，会感到句子过于冗长、结构混乱：

- 需要花很长时间在主句中找谓语。
- 找到谓语后，还必须花力气阅读结构杂乱的从句。
- 被句子中一个个停顿打断。

修改冗长的开头

有些句子的开头过于冗长、没完没了：

1a. Since most undergraduate students change their fields of study at least once during their college careers, many more than once, first-year students who are not certain about their program of studies should not load up their schedules to meet requirements for a particular program.

由于大多数本科生在大学阶段至少要改选一次专业，许多本科生甚至会更换多次，因此不确定自己学习领域的大一学生不应将时间排满以满足某一专业的要求。

这个句子的主要动词 should not load up（不应排满）前有 31 个单词。以下是两条写句子开头的经验法则：（1）尽快引入主句的主语。（2）尽快引入谓语和宾语。

法则 1：尽快引入主句的主语。 我们较难理解以过长导入性短语和从句开头的句子，因为我们在读这些句子时不得不记住主句的主语和谓语还没出现，而这种记忆负荷会阻碍我们对句子的快速理解。因此尽量避免以过长的导入性短语或从句开头的句子。

比较下面两个句子。在（1b）中我们读到主要主语和谓语前需要阅读和理解 17 个单词。而在（1c）中第一个从句的前 6 个单词中就出现了主语和谓语。

1b. **Since most undergraduate students change their major fields of study at least once during their college careers,** first-year students who are not certain about the program of studies they want to pursue SHOULD NOT LOAD UP their schedules to meet requirements for a particular program.

大多数本科生在读期间至少要改选一次主修专业，因此大一新生在未明确自身想要研读的专业前不应将自己的时间表排满以满足某一专业的要求。

√1c. **First-year students SHOULD NOT LOAD UP** their schedules with requirements for a particular program if they are not certain about the program of studies they want to pursue, because most change their major fields of study at least once during their college careers.

大一新生在未明确自身想要研读的专业前**不应将**自己的时间表**排满**以满足某一专业的要求，之所以这么说是因为大多数本科生在读期间至少要改选一次主修专业。

若句中存在冗长的导入性从句，那么试着将该从句移至句末。若效果不佳，可选择将从句单独列出，独立成句。

然而，这么做并非易事。按照英文写作习惯，以 if, since, when, although 这类词语开头的从句通常置于主句前，而非主句后。因此，写句子时若无法避免以从句开头，那么从句应尽可能简短。

例外：在所谓"掉尾"或"延宕"的写作风格中，作者有意利用导入性从句做铺垫，以此强调总结性主句的作用。

When a society spends more on its pets than it does on its homeless, when it rewards those who hit a ball the farthest more highly than those who care most deeply for its neediest, when it takes more interest in the juvenile behavior of its richest children than in the deficient education of its poorest, it has lost its moral center.

如果一个社会花在宠物身上的钱比用来救助无家可归者花的钱还多,当它奖励把球击得最远的球员比奖励那些最关心急需救助者的好心人还多,当它关注最富裕家庭的孩子的幼稚行为比关注最贫困家庭孩子的教育缺失还多,这就是一个失去了道德中心的社会。

如能谨慎使用这类句子,可以带来戏剧性效果,特别是适当强调最后一个分句倒数几个单词时。我们会在第十课中讨论这一点。

法则 2:尽快引入谓语和宾语。读者也希望主语后面紧跟着谓语和宾语。因此,

- 避免长而抽象的主语。
- 避免中断主谓连接。
- 避免中断动宾连接。

避免长而抽象的主语。将长主语改短。首先在所有主语下面加下划线。如果一个长主语(超过七八个单词)中包含了名词化内容,你可以试着将其换成动词,并为这个动词找一个主语:

> **Abco Inc.'s understanding of the drivers of its profitability in the Asian market for small electronics** helped it pursue opportunities in Africa.
>
> **阿布科公司对于其在亚洲小型电子商品市场的盈利驱动因素的理解**帮助其在非洲把握机会。
>
> √ **Abco Inc.** was able to pursue opportunities in Africa because it understood what drove profitability in the Asian market for small electronics.
>
> **阿布科公司**之所以能够把握在非洲的机会,是因为它理解了哪些是其在亚洲小型电子商品市场盈利的驱动因素。

若主语中有较长的关系从句，就会显得冗长：

A company that focuses on hiring the best personnel and then trains them not just for the work they are hired to do but for higher-level jobs is likely to earn the loyalty of its employees.
一家注重雇用精锐人才并为其提供不仅着眼于当下工作还着眼于更高级别工作的培训的公司，其员工忠诚度较高。

试试看，把关系从句改为 when 或者 if 引导的导入性从句。

When a company focuses on hiring the best personnel and then trains them not just for the work they are hired to do but for higher-level jobs, it is likely to earn the loyalty of its employees.
若一家公司注重雇用精锐人才并为其提供不仅着眼于当下工作还着眼于更高级别工作的培训，其员工忠诚度较高。

但是，如果导入性从句和关系从句一样长的话，可以尝试把导入性从句放到句尾，尤其是下面这种情况。
（1）主句简短并表达该句的要点。
（2）可移动的从句支撑或解释说明主句，表达了新的和更复杂的信息。

√ A company is likely to earn the loyalty of its employees **when it focuses on hiring the best personnel and then trains them not just for the work they are hired to do but for higher-level jobs.**
一家公司想要员工对其高度忠诚，就要注重雇用精锐人才并为其提供不仅着眼于当下工作还着眼于更高级别工作的培训。

但更好的办法是将从句变成独立的句子：

✓ Some companies focus on hiring the best personnel and then train them not just for the work they are hired to do but for higher-level jobs. **Such companies are likely to earn the loyalty of their employees.**

一些公司注重雇用精锐人才并为其提供不仅着眼于当下工作还着眼于更高级别工作的培训。**这样的公司员工忠诚度较高。**

避免中断主谓连接。主语和谓语断开会给读者增加阅读障碍,如下:

Some scientists, **because they write in a style that is impersonal and objective**, do not easily communicate with lay people.

一些科学家,**因为他们以不带个人色彩和客观的风格写作**,与外行人交流困难。

主语后面的 because 从句使读者在读到谓语前无法断句,造成阅读障碍。可以将主语和谓语之间的插入部分放到句首或句尾,具体位置要看放在哪里与句子连接更紧密(注意 since 代替 because 的用法):

✓ Since some scientists write in a style that is impersonal and objective, they do **not easily communicate with laypeople. This lack of communication** damages …

由于一些科学家以不带个人色彩和客观的风格写作,他们**与外行人交流困难。这种交流的缺乏破坏了**……

✓ Some scientists do not easily communicate with laypeople because they write in **a style that is impersonal and objective. It is a kind of style** filled with passives and …

一些科学家他们与外行人交流困难,因为他们**以不带个人色彩而客观的风格写作。这是一种充斥着被动语态的写作风格**……

我们可以接受较短的中断：

- √ Some scientists **deliberately** write in a style that is impersonal and objective.
  一些科学家**有意地**以不带个人色彩而客观的风格写作。

避免中断动宾连接。我们也希望动词后面紧跟着宾语。但下面这句话没有这样做：

> We must develop, **if we are to become competitive with other companies in our region,** a core of knowledge regarding the state of the art in effective industrial organizations.
> 我们必须发展，**如果我们要同本地区其他公司竞争**，关于有效产业组织的前沿核心知识。

根据上下文，将被中断的部分调整至句子的开头或结尾。

- √ **If we are to compete with other companies in our region,** we must develop a core of knowledge about the state of the art in effective industrial organizations. Such organizations provide …
  如果我们要同本地区其他公司竞争，就必须发展关于有效产业组织的前沿核心知识。这样的组织提供……
- √ We must develop a core of knowledge about the state of the art in effective industrial organizations **if we are to compete with other companies in our region.** Increasing competition …
  我们必须发展关于有效产业组织的前沿核心知识，**如果我们要同本地区其他公司竞争**。越来越激烈的竞争……

例外：如果可移动的介词短语比长宾语短，可以将其放置在动词和宾语之间：

In a long sentence, put the newest and most important information that you want your reader to remember **at its end**.

在长句子中，把想要读者记住的最新、最重要的信息**放在末尾**。

√ In a long sentence, put **at its end** the newest and most important information that you want your reader to remember.

在长句子中，**在末尾处放置**想要读者记住的最新、最重要的信息。

> **要点提示：** 如果主句的主语很快出现，且主语之后紧跟动词和宾语，其阅读过程会是最轻松的。应避免写出过长的导入性短语、从句和过长的主语，避免中断主谓和动宾间的连接。

另一原则：以要点开头

还有一条原则尤其适用于长句，试比较下面两句话：

High-deductible health plans and Health Saving Accounts into which workers and their employers make tax-deductible deposits result in workers taking more responsibility for their health care.

员工及其雇主将免税存款存入高免赔额健康计划和健康储蓄账户会导致员工需要为自己的医疗保健承担更多责任。

√ Workers take more responsibility for their health care when they adopt high-deductible insurance plans and Health Saving Accounts into which they and their employers deposit tax-deductible contributions.

员工需要为自己的医疗保健承担更多责任，如果他们及其雇主将免税存款存入高免赔额健康计划和健康储蓄账户的话。

与略显笨拙的第一句话不同，第二句话符合我们的原则：这句话没用长而抽象的主语，而是以读者熟悉的短而具体的主语开头，并紧跟一个动词陈述明确的动作：员工……承担……

这两句话还有其他不同。第一句话中，我们必须读完 20 多个单词才能看出它们与关键要点的相关性，才能读到这句话的关键信息：员工需要为自己的医疗保健承担责任。这句话显得很滞后，直至读到最后我们才能看出与句子开头的相关性。

> High-deductible health plans and Health Saving Accounts into which workers and their employees make tax-deductible deposits $_{explanation/support}$ result in workers' taking more responsibility for their health care $_{point}$.
>
> 员工及其雇主将免税存款存入高免赔额健康计划和健康储蓄账户$_{解释/支持}$会导致员工需要为自己的医疗保健承担更多责任$_{要点}$。

相较而言，第二句话以 8 个单词的短语主句开头，清楚简明地陈述了最关键的要点：

> ✓ Workers take more responsibility for their health care$_{point}$ when they adopt high-deductible insurance plans and Health Saving Accounts into which they and their employers make tax-deductible deposits$_{explanation/support}$.
>
> 员工需要为自己的医疗保健承担更多责任$_{要点}$，如果他们及其雇主将免税存款存入高免赔额健康计划和健康储蓄账户的话$_{解释/支持}$。

如果一开始便出现句子要点，那么我们甚至在阅读前便可预测随后的 19 个单词的内容。

一般而言，我们在阅读时遵循如下原则：如果一开始就简洁直白地体现要点，就能轻松掌握复杂内容。通过前文的分析，我们已经认识到这条原则可以应用到单个主语和谓语中。事实上，这条原则对于长句中的逻辑元素也同样适用，包括句子的要点、解释或支持信息。对于没有在开头表明要点或滞后表明要点的句子，我们需要调整它的结构，并在脑海中重新"组装",将要点提前。如果句首要点突出,我们便有了可以理解后面复杂内容的语境。

诊断一个长句(是否可以有效表达观点),首先要寻找句子的要点,即读者可以快速捕捉的主要观点。如果你发现句子要点在句中或句尾,那么可以这样进行修改:在句首简洁直白地表达要点,之后加上包含复杂信息的长句支持或解释这个要点。(关于与上述原则对立的原则,参照本书第十课页边码 p123-124)

事实上,"先简单,后复杂"的原则对(比句子)更大的单元也同样适用:

- 写段落时,开头用一两个句子表明要点,以便读者理解下文。(参见本书页边码 p76-78)
- 写章节时,开头用一两段表达要点。(参见本书页边码 p71-72)
- 写文章时,开头导语部分陈述文章要点,概述下文框架结构。(参见本书页边码 p56-67)

不管是写句子、段落、章节还是整篇文章,你的开头是否能够快速简洁地说明要点,将决定读者是否能够轻松理解内容。

修改杂乱无章的结构

通常情况下,如果句首表明要点,无论下文结构怎样杂乱无章,都不影响我们阅读。但我们还是不希望看到这样的文章。下面这句话在开头便清晰地表明了要点,但后面一连串解释性的从句使整个结构杂乱无章:

No scientific advance is more exciting than genetic engineering$_{point}$ which is a new way of manipulating the elemental structural units of life itself, which are the genes and chromosomes that tell our cells how to reproduce to become the parts that constitute our bodies$_{explanation}$.

任何科学进步都不及基因工程令人激动$_{要点}$,它是一种控制生命基本结构单位的新方法,它由基因和染色体组成,它们指导细胞如何繁殖,它组成我们身体的各部分$_{解释}$。

如果我们把上面这段话按层次罗列出来：

No scientific advance is more exciting than genetic engineering [point and subject-verb core],

　　任何科学进步都不及基因工程令人激动[要点和核心主谓]，

　　which is a new way of manipulating the elemental structural units of life itself [tacked-on relative clause],

　　　　它是一种控制生命基本结构单位的新方法[附加关系从句]。

　　　which are the genes and chromosomes [tacked-on relative clause]

　　　　　它由基因和染色体组成[附加关系从句]

　　　　that tell our cells how to reproduce to become the parts

　　　　　它们指导细胞如何繁殖[附加关系从句]

　　　　　that constitute our bodies [final tacked-on relative clause].

　　　　　　它组成我们身体的各部分[附加关系从句]。

怎样才能检查出这类问题？不妨让别人大声朗读你的文章。如果他在朗读过程中不时停顿，或是纠结于字词而磕磕绊绊，或是还没读完一句话便已经上气不接下气，那么你的读者也会如此。你可以用以下四种方法修改：删减，将从句转化为独立句，将从句转化为修饰性短语或使用并列结构。

1. 删减

试着去掉 who、that、which is 和 which was 等词，从而将关系从句删减为短语：

　✓ Of the many areas of science important to our future, few are more promising than genetic engineering, ~~which is~~ a new way of manipulating the elemental structural units of life itself, ~~which are~~ the genes and chromosomes that tell our cells how to reproduce to become the parts that constitute our bodies.

在众多对将来至关重要的科学领域,几乎没有一个领域比基因工程更具前景,基因工程是控制生命基本结构单位的新方法,这些基本结构单位由基因和染色体组成,基因和染色体指导细胞繁殖形成身体的各个部分。

有时,你需要将删减后剩下的动词改成-ing形式:

The day is coming when we will all have numbers **that will identify** our financial transactions so that the IRS can monitor all activities **that involve** economic exchange.

这一天即将来临,到时所有人都将拥有对应数据**来记录**自己的金融交易,这样美国国税局就能监控所有活动,这些活动**涉及**经济交换。

√ The day is coming when we will all have numbers ~~that will~~ **identifying** our financial transactions so that the IRS can monitor all activities ~~that~~ **involving** economic exchange.

这一天即将来临,到时所有人都将拥有**识别**自己金融交易的对应数据,这样美国国税局就能监控所有**涉及**经济交换的活动。

2. 将从句转化为独立句

√ Many areas of science are important to our future, but few are more promising than genetic engineering. **It is a new way of manipulating the elemental structural units of life itself, the genes and chromosomes that tell our cells how to reproduce to become the parts that constitute our bodies.**

很多科学领域都对我们的将来至关重要,但是几乎没有一个领域比基因工程更具前景。**它是控制生命基本结构单位的新方法,这些基本结构单位由基因和染色体组成,指导细胞繁殖形成身体的各个部分。**

3. 将从句转化为修饰性短语

如果将较长的关系从句转化为重复性修饰语、总结性修饰语和自由式修饰语这三种修饰性短语中的一种,就能避免句子显得过于散乱。你以前可能从未听说过这些短语,但对这些短语代表的写作技巧应该耳熟能详,因此你该知道怎么用这些修饰语。

重复性修饰语

对比下列两个例子,它们分别使用了关系从句和重复性修饰语:

> Since mature writers often use resumptive modifiers to extend a line of thought, we need a word to name what I have not done in this sentence, **which I could have ended at that comma but extended to show you a relative clause attached to a noun.**
> 有经验的作家经常用重复性修饰语来拓展一系列观点,因此我们需要一个词来表示我在这个句子中没有做的事,**我本可以在上一个逗号处结束这个句子,但是为了展示名词性关系从句,我做了延伸。**

> ✓ Since mature writers often use resumptive modifiers to extend a line of thought, we need a word to name what I am about to do in this sentence, **a sentence that I could have ended at that comma but extended to show you how resumptive modifiers work.**
> 有经验的作家经常用重复性修饰语来拓展一系列观点,因此我们需要一个词来表示我即将在这个句子中做的事,**这个句子本可以在上一个逗号处就结束,但是为了展示重复性修辞,我做了延伸。**

加粗的重复性修饰语重复了 sentence 这个关键词,然后继续展开。要添加重复性修饰语需找到附加从句前面相邻的关键名词,在名词后以逗号停顿,然后重复该关键名词,再加上以 that 结尾的限制性关系从句:

Since mature writers often use resumptive modifiers to extend a line of thought, we need a word to name what I am about to do in this sentence,

a sentence

that I could have ended at that comma, but extended to show you how resumptive modifiers work.

有经验的作家经常用重复性修饰语来拓展一系列观点，因此我们需要一个词来表示我即将在这个句子中做的事，

这个句子

本可以在上一个逗号处就结束，但是为了展示重复性修辞，我做了延伸。

你还可以选择以形容词或动词开头。这时，你无须添加关系从句；你只要重复某个形容词或动词，继续完成句子。

> √ It was American writers who found a voice that was both **true** and **lyrical，true** to the rhythms of the working man's speech and **lyrical** in its celebration of his labor.
>
> 正是美国作家创造了一种既**真实**又**抒情**的表达手法，**真实**地再现劳动人民说话时的抑扬顿挫，**抒情**地描写他收获劳动成果时的情景。
>
> √ All who value independence should **resist** the trivialization of government regulation，
>
> **resist** its obsession with administrative tidiness and compulsion to arrange things not for our convenience but for theirs.
>
> 任何珍视独立的人都应**抵制**政府管理平庸化，
>
> **抵制**其过度关注行政简洁、以自己的便利而不是人民的便利为出发点。

有时，你可以选择以词组 one that 引出概括性的修饰语：

√ I now address a problem we have wholly ignored, **one that** has plagued societies that sell their natural resources to benefit a few today rather than using them to develop new resources that benefit everyone tomorrow.

现在我提一个我们一直忽略的问题,**这个问题**困扰着各国社会,即出售自然资源使眼前少数人得利,而不是利用它们开发新资源以造福后世普罗大众。

总结式修饰语

以下两个句子对关系从句和总结性修饰语进行了对比。请注意 which 在第一句中如何体现"附加"的概念:

Economic changes have reduced Russian population growth to less than zero, **which will have serious social implications.**
经济变革使俄罗斯人口呈负增长状态,**这将造成严重的社会影响**。

√ Economic changes have reduced Russian population growth to less than zero, **a demographic event that will have serious social implications.**
经济变革使俄罗斯人口呈负增长状态,**这一人口现状将造成严重的社会影响**。

添加总结性修饰语,就是把语法完整的句子用逗号隔开,添加能概括这一部分句子内容的词语,然后衔接以 that 开头的限制性关系从句:

Economic changes have reduced Russian population growth to less than zero,

<u>a demographic event</u>

that will have serious social implications.

经济变革使俄罗斯人口呈负增长状态，这一人口现状**将造成严重的社会影响。**

总结性修饰语和重复性修饰语可谓异曲同工：添加修饰语的从句给人一种完整句的感觉，添加后句子又得以延续。

自由式修饰语

与其他修饰语一样，自由式修饰语也可置于从句句末，不同的是，它既不是重复某个关键词，也不是总结前文所述，而是评论句子中最接近动词的主语：

> ✓ Free modifiers resemble resumptive and summative modifiers, letting you [i.e., the free modifier lets you] **extend the line of a sentence while avoiding a train of ungainly phrases and clauses.**
> 自由式修饰语与重复性修饰语、总结性修饰语有着相似作用，它让你[即自由式修饰语让你]在扩展句子时避开一系列笨拙的短语和从句。

自由式修饰语通常以-ing形式的现在分词开头，正如上面的例句所示，但也可以动词过去分词形式开头，例句如下：

105
> ✓ Leonardo da Vinci was a man of powerful intellect, **driven by** [i.e., Leonardo was driven by] **an insatiable curiosity** and **haunted by a vision of artistic perfection.**
> 列奥纳多·达·芬奇是个天才，强烈的好奇心驱使他[即列奥纳多被驱使]不断探索，对完美艺术的憧憬始终伴随着他。

自由式修饰语也可以用形容词开头：

✓ In 1939, we began to assist the British against Germany, **aware** [i.e., we were aware] **that we faced another world war.**
1939年,当**意识到**[即我们意识到]**我们面临着另一场世界大战时**,我们开始协助英国对抗德国。

自由式修饰语以自由命名的原因是这类修饰语既可以作为一个句子的开头,也可以放在一个句子的结尾:

✓ **Driven by an insatiable curiosity**, Leonardo da Vinci was ...
受强烈好奇心的驱使,列奥纳多·达·芬奇……
✓ **Aware that we faced another world war**, in 1939 we began ...
当意识到我们面临着另一场世界大战时,1939年,我们开始…

> **要点提示**:当你必须写长句时,不要肆意叠加词组或从句,尤其要避免关系从句套关系从句。尝试用重复性、总结式、自由式这三种修饰语来扩充句子。

4. 使用并列结构

并列结构是优美句型的基础。写出好的并列结构比使用好的修饰语更难,不过,只要利用好并列结构,就能令读者阅读起来更加舒适。比较下面两段。第一段是我的版本,第二段是原始版本。

The aspiring artist may find that even a minor, unfinished work which was botched may be an instructive model for how things should be done, while for the amateur spectator, such works are the daily fare which may provide good, honest nourishment, which can lead to an appreciation of deeper pleasures that are also more refined.
有抱负的艺术家可能觉得,即便一件作品微小、未完成,这件作品即使被搞砸了,也可以是具有教育意义的范本,告诉别人应该怎样完成一幅作品，而对于业余的观众而言，这样的作品就是他们每天的精神食粮，它能够提供良好、实在的养分，这帮助他们体会更深层的愉悦，这种愉悦也更纯粹。

✓ For the aspiring artist, the minor, the unfinished, or even the botched work, may be a more instructive model for how things should—and should not be done. For the amateur spectator, such works are the daily fare which provide good, honest nourishment—and which can lead to appreciation of more refined, or deeper pleasures.

——Eva Hoffman, "Minor Art Offers Special Pleasures"

对于有抱负的艺术家而言，微小的、未完成的，甚至是搞砸了的作品可能是更教育意义的范本，告诉别人一幅作品应该或不应该怎样完成。对于业余的观众而言，这样的作品是每天的精神食粮，能提供良好、实在的养分，引导他们体会更纯粹或更深层的愉悦。

——伊娃·霍夫曼《小众艺术的特殊趣味》

我的版本使用了一连串叠加的从句，因而显得杂乱无章。

The aspiring artist may find that even a minor, unfinished work
    which was botched may be an instructive model for
        how things should be done,
            while for the amateur spectator, such works are the daily fare
            which may provide good, honest nourishment,
                which can lead to an appreciation of deeper pleasures
            that are also more refined.

有抱负的艺术家可能觉得，即便一件作品微小、未完成，
    这件作品即使被搞砸了，也可以是具有教育意义的范本，告诉别
        人应该
        怎样完成一幅作品，

而对于业余的观众而言,这样的作品就是他们每天的精神食粮,
它能够提供良好、实在的养分,
这帮助他们体会更深层的愉悦,
这种愉悦也更纯粹。

霍夫曼的原句句型由多级并列结构组成。其结构如下:

For the aspiring artist, { the minor, / the unfinished, / or / even the botched } work may be

对于有抱负的艺术家而言 { 微小的, / 未完成的, / 甚或是搞砸了的 } 作品都可能是

an instructive model for how things { should / and / should not } be done.

具有教育意义的范本,告诉别人一幅作品 { 应该 / 或 / 不应该 } 怎样完成。

For the amateur spectator, such works are
对于业余的观众而言,这样的作品是

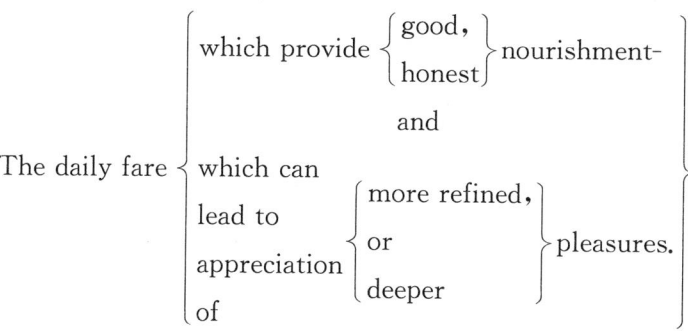

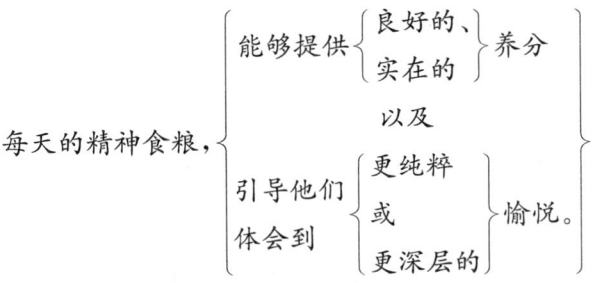

尤其是第二句，充分展现了并列结构可以多么巧妙。

句型设计总体原则：由短到长

我要强调一下良好并列结构所具备的一个特点。如果你大声读出下面这个句子，你就能听出来：

> We should devote a few final words to a matter that reaches beyond the techniques of research to the connections between those subjective values that reflect our deepest ethical choices and objective research.

有一个问题我们还要谈一谈。这个问题不仅涉及研究的技术，还涉及关联，这些关联存在于反映我们内心最深处道德选择的那些主观价值与客观研究之间。

这个句子以客观研究收尾看起来太突然。其结构如下：

... between ⎰ those subjective values that reflect our
         ⎨ deepest ethical choices
         ⎩ and
           objective research.

……之间 ⎰ 反映我们内心最深处道德选择
       ⎨ 的那些主观价值
       ⎩ 与
         客观研究。

下面这个修改版本交换了并列结构的两个部分,并为后面的部分添加平行结构,使短句变为长句。大声朗读下面这句话:

√ We should devote a few final words to a matter that reaches beyond the techniques of research to the connections between objective research and those subjective values that reflect our deepest ethical choices and strongest intellectual commitments.

有一个问题我们还要谈一谈。这个问题不仅涉及研究的技术,还涉及关联,这些关联存在于客观研究与那些反映我们内心最深处道德选择和最坚定理智投入的主观价值两者之间。

该句结构如下:

优美文章的特点之一就是写作者利用这些手法,尤其是使用平衡并列结构把句子变长。我会在第十课详细阐明这些手法。

> **要点提示**：相比一句又一句地进行叠加，并列结构会使你的长句更优美。当你会使用并列结构的时候，尝试对句子的组成部分进行调整，让句子由短到长，由简单到复杂。

统一原则

实际上，由短到长的原则就是清晰写作文风的统一原则之一。

- 适用于主谓语序的独立句：导语部分的句子越短越好，后文再引入更长、更复杂的句子。
- 适用于"旧—新"原则：通常，旧信息客观上比新信息更简短，读者"心理上"的主观感受也更简短。
- 适用于调整长句中的逻辑部分：将短的要点置于句首，用更长、更复杂的信息来解释支持要点。
- 适用于平衡的并列结构：短的要素在前，长的要素在后。

解决长句中的问题

即使已经对长句的内部结构进行调整，长句仍有可能出错。

错误的语法并列

通常，我们只将语法结构相同的部分并列：从句和从句并列，介词短语和介词短语并列等。一旦将不同的语法结构并列，读者会认为平行结构被打乱。谨慎的写作者会避免下面的情况：

The committee recommends {**revising the curriculum** to recognize trends in local employment and **that the division be reorganized** to reflect the new curriculum.

委员会建议 ⎰ **改革课程**以适应当地人才需求
　　　　　⎨　　　　　以及
　　　　　⎱ **课程划分**需要重组以反映新的课程

他们会将句子改成如下结构：

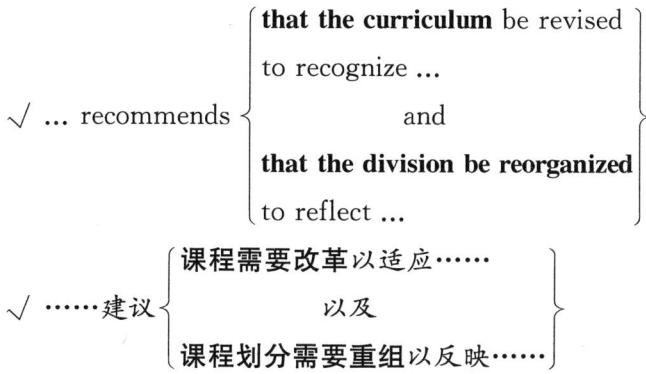

√ ... recommends ⎰ **that the curriculum** be revised to recognize ...
　　　　　　　　⎨　　　　　and
　　　　　　　　⎱ **that the division** be reorganized to reflect ...

√ ……建议 ⎰ **课程**需要改革以适应……
　　　　　⎨　　　　以及
　　　　　⎱ **课程划分**需要重组以反映……

或者，修改成这样：

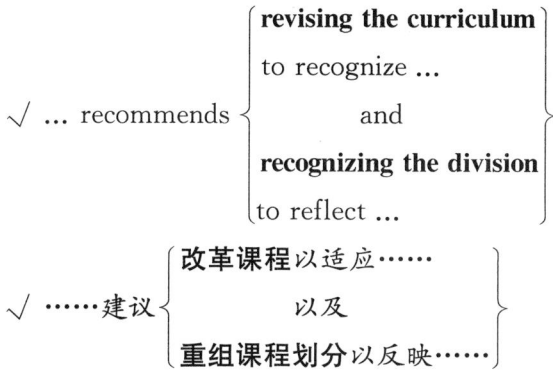

√ ... recommends ⎰ **revising the curriculum** to recognize ...
　　　　　　　　⎨　　　　　and
　　　　　　　　⎱ **recognizing the division** to reflect ...

√ ……建议 ⎰ **改革课程**以适应……
　　　　　⎨　　　　以及
　　　　　⎱ **重组课程划分**以反映……

然而，好的文章里也会出现非平行的并列结构。谨慎的写作者会将名词短语与一个 how 从句并列：

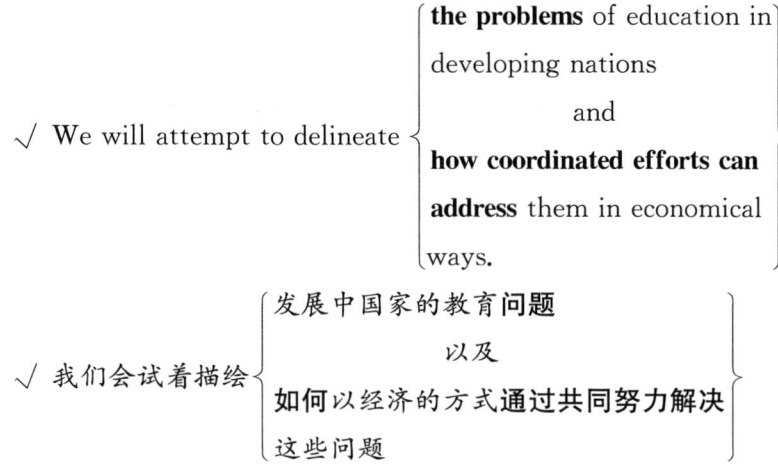

他们会将副词和介词短语并列：

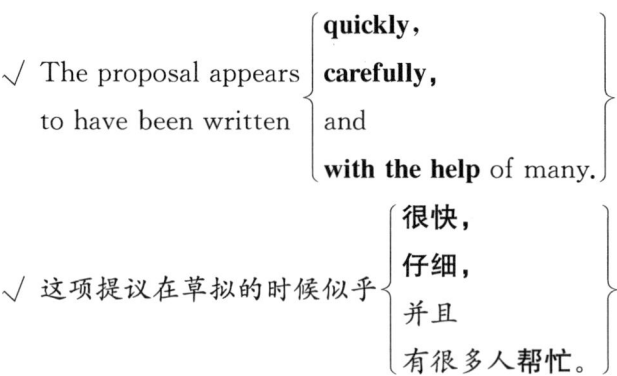

读者一口气就读完了。

错误的修辞并列

当句子成分不仅在语法，而且在所表达的意思上也并列时，我们会优先使用并列结构。一些没有经验的作者仅会使用 and（和）将各成分连接起来，形成并列。

Grade inflation is a problem at many universities, **and** it leads a devaluation of good grades earned by hard work **and** will not be solved simply by grading harder.

"绩点通胀"是一个许多大学都存在的问题,**而**这会导致刻苦学习取得的高分发生贬值,**且**仅仅通过严格的打分不足以解决该问题。

上例中的 and("而"或"且")不能清晰地表明句子成分的关系:

> √ Grade inflation is a problem at many universities, **because** it devalues good grades that were earned by hard work, **but** it will not be solved simply by grading harder.
> "绩点通胀"是一个许多大学都存在的问题,**因为**这会使刻苦学习取得的高分发生贬值,**然而**仅仅通过严格的打分不足以解决该问题。

至于句子成分何时才不应并列,我也没有明确的答案,只能告诉你"仔细辨识"。当然,这就像告诉一个击球手要"正面击球"。我们知道该这样做,只是不知道该怎样做。

不清晰的连接

如果并列结构过长,读者阅读起来也会费劲,因为很难找到结构的内部连接及代词所指:

> Teachers should remember that students are vulnerable and uncertain about those everyday ego-bruising moments that adults ignore and that they do not understand that one day they will become as confident and as secure as the adults that bruise them.
> 教师应该记住,学生面对日常自尊受伤的时刻会很脆弱、迷茫,虽然成年人会忽视这些时刻,而且他们不明白有朝一日他们会变得和挫伤他们的成年人一样有自信和安全感。

我们不确定句子的连接点在哪儿：

> ... and that they do not understand that one day they ...
> ……而且他们尚不明白他们有一天……

要修改这句话，我们可以将并列结构的前半句压缩，这样后半句就可以更靠近并列结构的开始处：

> √ Teachers should remember that students are vulnerable to ego-bruising moments that adults ignore and that they do not understand that one day ...
> 教师应该记住，学生面对自尊受伤的时刻会很脆弱，虽然成年人会忽视这些时刻，而且他们不明白有朝一日……

或者，可以重复提示并列结构开始的单词（即使用重复性修饰语）：

> √ Teachers should try to remember that students are vulnerable to ego-bruising moments that adults ignore, **to remember** that they do not understand that ...
> 教师应该记住，学生面对自尊受伤的时刻会很脆弱，虽然成年人会忽视这些时刻，而且教师应该**记住**，学生尚不明白他们有朝一日……

或者，可以重复名词从而避免指代不明的代词：

> √ Teachers should try to remember that **students** are vulnerable to ego-bruising moments that adults ignore and that **students** do not understand that ...
> 教师应该试着记住，**学生**面对自尊受伤的时刻会很脆弱，虽然成年人不会在意这些时刻，而且**学生**尚不明白……

修饰语指代不明

关于修饰语的另一问题是,有时读者不能确定它们到底修饰的是什么:

> Overtaxing oneself in physical activity too frequently results in injury.
> 超负荷的体力活动太频繁导致受伤。

什么过于"频繁","超负荷"还是"受伤"? 我们可以调整"太频繁"的位置,将意思表达清楚。

> √ Overtaxing oneself **too frequently** in physical activity results in injury.
> **太频繁**地承担超负荷的体力活动会导致受伤。
> √ Overtaxing oneself in physical activity results **too frequently** in injury.
> 承担超负荷的体力活动会导致**太频繁**受伤。

从句末尾的修饰语可以修饰临近的词组,也可以修饰更靠前的词组,从而造成指代不明:

> Scientists have learned that their observations are as subjective as those in any other field **in recent years.**
> 科学家发现他们的观察和其他领域的观察一样主观,**在近些年**。

我们可以将该修饰语调至其他位置,让指代更加清楚:

> √ **In recent years,** scientists have learned that ...
> **近些年**,科学家发现……
> √ scientists have learned that **in recent years** their ..
> 科学家发现他们**近些年**的……

悬置的修饰语

书写长句时可能会遇到另一个难题：悬置的修饰语。如果某修饰语的逻辑主语与主句的主语不一致，我们称这样的修饰语是悬置的。

> To overcome chronic poverty and lagging economic development in sub-Saharan Africa, _{dangling modifier} a commitment to health and education _{whole subject} is necessary for there to be progress in raising standards of living.
> 为解决撒哈拉以南非洲地区的长期贫困及经济发展落后问题_{悬垂式修饰语}，努力促进健康和教育发展_{整个主语}是必要的，有利于提升人民生活水平。

上句中，"解决"的逻辑主语是某个没有明确提及的实体，但主句的主语是"努力"。我们可以通过隐藏主语解决这一问题：

> √ If **developed countries** are to overcome chronic poverty and lagging economic development in sub-Saharan Africa, a commitment to health and education is necessary ......
> **发达国家**若想解决撒哈拉以南非洲地区的长期贫困及经济发展落后问题，致力于促进健康和提升教育水平是必要的……

更好的修改方法是，将主句主语换成修饰语隐藏的逻辑主语。

> √ To overcome chronic poverty and lagging economic development in sub-Saharan Africa, **developed countries** must commit themselves to ......
> 若想解决撒哈拉以南非洲地区的长期贫困及经济发展落后问题，**发达国家**必须致力于……

第十课

优　雅

> 没什么比不能清晰成文更糟糕了。清晰永远值得推崇，简练除了可能会导致无趣外，没有别的缺点。当你意识到光头都比戴着卷毛假发好太多时，你会发现这也值得一试。
>
> ——萨默塞特·毛姆（Semerse Mauganam）

优雅的内涵

如果你能清晰、简洁、连贯地写作，那足以让人欣喜，因为这已经很棒了。大多数读者喜欢简单干脆的文章，讨厌经院式的高头讲章。然而，一味追求简练是无趣的，甚至是枯燥无味的。这就像古代斯巴达人吃肉和土豆不加盐，虽然可以强健体魄，但味道却很糟。然而，若能在字里行间添一丝优雅，这样的文字便能深深印入读者脑海。每当他们回味所读，总能心情愉悦。遗憾的是，我无法告诉你如何才能优雅写作。但事实上，我赞成这样的观点：最优雅的文章一定要做到简练。

其实不乏一些可以既优雅又清晰成文的方法。然而，就像仅仅知道烹调可口的香浓鱼汤需用何种配方并不足以保证你能烹调出可口的汤一样，仅仅知道优雅清晰成文的方法也不能确保你能写出优雅清晰的文章。写作优雅清晰可能是一种天赋，但即使是拥有这种天赋的人，也需要经过后天学习和训练。

平衡和对称

优雅的句子离不开各部分的平衡和对称，即各部分在声调、节奏、结构和意思上相互呼应。技艺高超的作者有能力平衡句子中几乎所有成分，最常用的方法是使用并列结构。

协调的平衡

下面是一段结构平衡的文字和我的修改版。即便对文字不敏感的人都能分清。

> The national unity of a free people depends upon a sufficiently even balance of political power to make it impracticable for the administration to be arbitrary and for the opposition to be revolutionary and irreconcilable. Where that balance no longer exists, democracy perishes. For unless all the citizens of a state are forced by circumstances to compromise, unless they feel that they can affect policy but that no one can wholly dominate it, unless by habit and necessity they have to give and take, freedom cannot be maintained.
>
> ——Walter Lippmann

> 一个自由人民的国家统一取决于政治权力的充分平衡,以防止政府专制独裁,防止反对政府的团体走向革命,走向极端。当这种平衡不复存在时,民主也将随之消亡。因为,除非一个国家的所有公民都因环境被迫妥协,除非他们觉得自己能影响政策,但没有人可以完全操控政策,除非因习惯和必要他们不得不付出和索取,那么自由将无法持续。
>
> ——沃尔特·李普曼

> The national unity of a free people depends upon a sufficiently even balance of political power to make it impracticable for an administration to be arbitrary against a revolutionary opposition that is irreconcilably opposed to it. Where that balance no longer exists, democracy perishes, because unless all the citizens of a state are habitually forced by necessary circumstances to compromise in a way that lets them affect policy with no one dominating it, freedom cannot be maintained.

> 一个自由人民的国家统一取决于政治权力的充分平衡,以防

止政府对强烈反对政府的革命性团体采取专制独裁的手段。当这种平衡不复存在时，民主也将随之消亡，因为除非一个国家的所有公民习惯性地被环境所迫，以一种让他们在没有人主导的情况下影响政策的方式妥协，那么自由将无法持续。

我的版本从一个结构拖沓至下一结构。而在李普曼的版本中，我们感受到句子和短语在词序、音韵和词义上相互呼应，整个段落形成微妙的对称结构。

话题和重读部分的原则不仅适用于整个句子，也适用于句子的各个部分。如果我们运用这些原则进行分析就能清楚李普曼是如何平衡各部分短语的。此处请注意一个短语中的关键词是如何与对应短语中的关键词相对应的（我对表示主题的短语部分进行了加粗，对重读部分进行了斜体处理）：

The national unity of a free people depends upon a sufficiently even balance of political power to make it impracticable

一个自由人民的国家统一取决于政治权力的充分平衡，以防止……

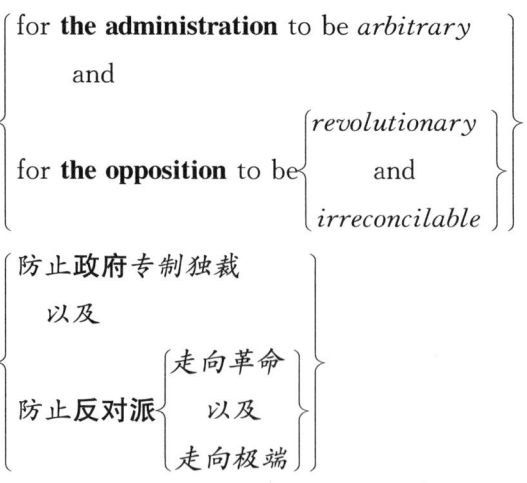

李普曼平衡了两个表示主题的短语，即**政府**和**反对派**，在短语最后平衡了重读部分专制武断、走向革命、走向极端的音韵和词义。紧接着

他以一个简短的句子做了总结,句子的重点词语虽不协调但仍平衡(不协调的平衡用方括号表示):

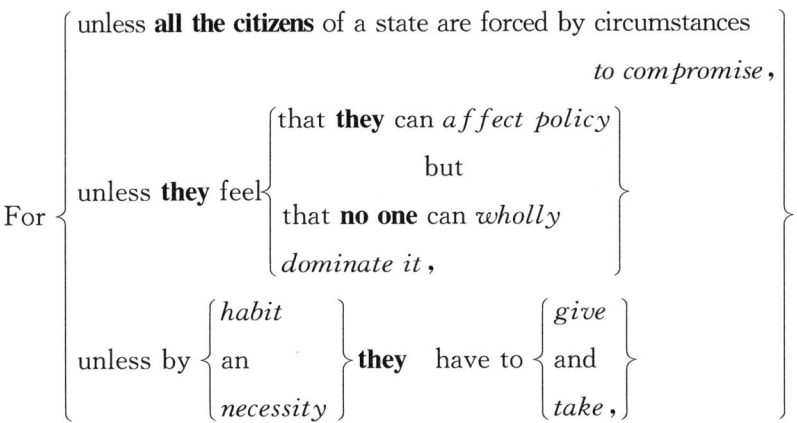

之后他进行了极其巧妙的设计,平衡了许多音韵和词义:

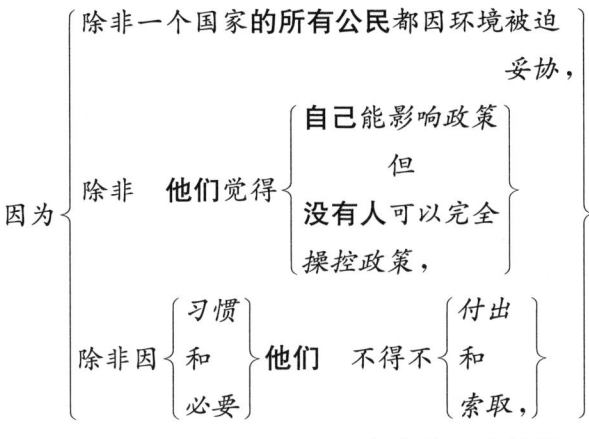

- 他在每个分句都将公民作为主语/主题进行了重复：*所有公民，他们，他们*（请注意第一个分句的被动语态，*所有公民被迫*，这里如果用主动语态会破坏协调的平衡）。
- 他平衡了*被迫*和*觉得*的音韵和含义，平衡了*影响*政策和完全*操纵*政策的词义。
- 在最后一个除非从句中，他平衡了*习惯*和*必要*，以及*付出*和*索取*。他平衡了妥协、影响、完全操控以及付出和索取的词义。
- 之后为了平衡接下来短句中的从句，即*平衡不复存在时——民主也将随之消亡*，他用了同样简短的总结句，即*自由将无法持续*，该句的意义和结构都与前面的句子遥相呼应：

balance	no longer exists
平衡	不复存在
democracy	perishes
民主	随之消亡
freedom	cannot be maintained
自由	无法持续

对于发现并在意这些的人来说，李普曼的句子结构实在令人称奇。

不协调的平衡

我们还可以平衡语法结构不协调的句子。下面例句中，主语平衡了宾语：

> **Scientists** whose research *creates revolutionary views of the universe* invariably confuse **those of us** who *construe reality from our common-sense experience of it.*

$$\left\{\begin{array}{l}\text{科学家}\text{的研究}\\ \text{我们中那些}\end{array}\right.\quad\left.\begin{array}{l}\text{常常革新我们的世界观}\\ \text{总是会困扰}\\ \text{用生活经验推理世界的人。}\end{array}\right\}\quad 117$$

下面的例句中主语部分的关系从句谓语平衡了整个句子的谓语：

$$\text{A government}\left\{\begin{array}{l}\text{that is unwilling to }\textit{listen}\text{ to the}\\ \textit{moderate hopes}\text{ of }\textit{its citizenry}\\ \text{must eventually }\textit{answer}\text{ to the }\textit{harsh}\\ \textit{justice}\text{ of }\textit{its revolutionaries.}\end{array}\right.$$

一个政府 $\left\{\begin{array}{l}\text{不愿倾听人民的温和愿望，}\\ \text{终将直面革命人士的严厉审判。}\end{array}\right.$

下面的例句中直接宾语平衡了介词宾语：

Those of us concerned with our school systems will not sacrifice
$$\left\{\begin{array}{l}\text{the }\textit{intellectual growth}\text{ of }\quad\text{our }\textit{innocent children}\\ \qquad\qquad\qquad\text{to}\\ \text{the }\textit{social engineering}\text{ of }\quad\textit{incompeten bureaucrats.}\end{array}\right.$$

我们当中关心学校教育体系的那些人不会
$$\left\{\begin{array}{l}\text{将天真孩子们的心智发展}\\ \qquad\text{牺牲给}\\ \text{官僚主义无能的社会工程。}\end{array}\right.$$

更复杂的平衡方式是：

$$\text{Were I trading}^{1a}\left\{\begin{array}{l}\text{scholarly principles}^{2a}\\ \qquad\text{for}\\ \text{financial security,}^{2b}\end{array}\right.$$

如果我用¹ᵃ { 知识分子的良心²ᵃ / 换取 / 物质上的安稳,²ᵇ }

I would not be writing¹ᵇ { short books³ᵃ / on / minor subjects³ᵇ / for / small audiences.³ᶜ }

我就不会去¹ᵇ { 就一些小众话题³ᵇ / 为一小群读者³ᶜ / 写小册子³ᵃ。}

这个例句中,

- 从句(1a)中的 Were I trading 平衡了主句(1b)中的 I would not be writing。
- 从句(2a)中的宾语 scholarly principles 平衡了介词短语(2b)中的宾语 financial security。
- 主句(3a)中的宾语 short books 平衡了介词短语(3b)中的宾语 minor subjects 和介词短语(3c)中的宾语 small audiences(short、minor 和 small 在其中起到平衡作用)。

记住:添加平衡词后的句子比原先长一些,但韵律感很强。

这些句式将激发新的思维方式,而这些方式可能是你之前没有想到的。这样一来,它们不仅能培养你的思维习惯,还能帮助你创造新思维。假如你原来的句子开头是这样的:

> In his earliest years, Picasso was a master draftsman of the traditional human form.
> 毕加索早年是传统人物形象方面的杰出画匠。

那么试试看下面这种写法:

In his earliest years, Picasso was **not only** a master draftsman of the traditional human form, **but also** ...

毕加索早年**不仅**是传统人物形象方面的杰出画匠,**还是**……

如此一来,你就会想知道毕加索还做过或没做过什么。

> **要点提示**:优雅的文辞最突出的特点是句子结构平衡。你可以用 and(和)、or(或)、nor(而不是)、but(但是)、yet(还没)轻而易举地协调句子的不同部分,你还可以平衡不协调的词组和从句。过多运用这个办法并非明智之举,但若谨慎使用,这些句式可用于强调某一要点或总结一系列论证,细心的读者会注意到文中的精彩之处。

扣人心弦的强调

一句话如何开头,决定了它是否清晰;一句话如何收尾,决定了它是否优雅且节奏鲜明。下面列举五种用特殊强调来给句子收尾的方法:

1. 有分量的词

快到句末时,我们想要读到值得强调的词,如果一个句子结尾的词在语法或语义上没有什么分量,我们便觉得这个句子虎头蛇尾。如果在句末放介词则会显得头重脚轻,这也是我们不把介词放在句末的原因。句子的节奏应该随着读者的阅读进程逐渐加强。试比较下面两个句子:

> Studies into intellectual differences among races are projects that only the most politically naive psychologist would be willing to give support to.
>
> 有关不同人种间心智差异的研究只有政治上最不敏感的心理学家才会给予支持。
>
> √ Studies into intellectual differences among races are projects that only the most politically naive psychologist would be willing to

support.

有关不同人种间心智差异的研究只有政治上最不敏感的心理学家才会支持。

形容词和副词比介词分量重,比动词和名词分量轻,而分量最重的要数名词化结构。名词化结构出现在句子主语部分会给读者造成困扰,不过它出现在句子末尾时会造成扣人心弦的强调,让读者感到满意,在句末出现一对平衡的名词化结构时尤其如此。以下节选自温斯顿·丘吉尔(Winston Churchill)"最光辉的时刻(Finest Hour)"演讲,该部分以一对平行结构的名词构成的排比收尾:

> ... until in God's good time,
> ……直到天时降临,
> the New World, with all its { power, and, might } steps forth to
> 新世界,以它的 { 影响力,和,强大力量 } 来
> { the **rescue**, and, the **liberation** } of the old.
> { 拯救,以及,解放 } 旧世界。

丘吉尔本可以写得简单、平庸一些:

> ... until the New World rescues us.
> ……直到新世界拯救了我们。

2. of＋有分量的词

这看起来不大可能，但却是真的。看丘吉尔怎么给句子收尾：轻读的 *of*（更轻的 *a* 或 *the* 紧接其后）加快了句子节奏，直到一个重读单音节词突然出现起到渐进强调作用，这个词便是 *old*：

> ... the rescue and the liberation of the **old**.
> ……拯救和解放**旧世界**。

我们认为这种形式是作者为了优雅而故意为之，正如爱德华·吉本（Edward Gibbon）的《罗马帝国衰亡史》，（英文书名是 *History of the Decline and Fall of the Roman Empire* 而不是 *History of the Roman Empire's Decline and Fall*）开头的几句话：

✓ In the second century of the Christian era, the Empire of Rome comprehended **the fairest part of the earth**, AND the **most civilized portion of mankind.** The frontiers of that extensive monarchy were guarded **by ancient renown** AND **disciplined valour.** The gentle, but powerful influence of laws and manners had gradually cemented the **union** *of* **the provinces.** Their peaceful inhabitants enjoyed AND **abused the advantages of wealth** AND **luxury.** The image of **a** free constitution was preserved with decent **reverence.** The Roman senate appeared to possess the sovereign authority, and devolved on the emperors all **the executive powers of government.**

耶稣降生后的第二世纪，罗马帝国拥**天下之沃野平川**，**生民教化**，世莫有二。历朝军威，**余烈犹存**；**军纪严明，军士奋勇**，故边疆远及八荒，守卫无虞。法制文治，立法宽而执法严，故州郡**一心**，协洽无懈。庶民安居乐业，**生活富足**，且极**奢侈逸乐**矣。古时所订宪法，予民自由，是时仍受尊重，但**仅有其表**而已。中枢国会，名义上享有最高主权，然**政府行政之权**，已委诸皇帝。①

对比来看，以下版本便显得平淡无奇：

> In the second century AD, the Roman Empire comprehended **the earth's fairest, most civilized part.** Ancient renown and disciplined valour guarded **its extensive frontiers.** The gentle but powerful influence of laws and manners had gradually **unified the provinces.** Their peaceful inhabitants enjoyed and abused luxurious wealth while decently preserving what seemed to be **a free constitution.** Appearing to possess the sovereign authority, the Roman senate devolved on the emperors all **executive governmental powers.**
>
> 在公元第二世纪，罗马帝国拥有**世界上最好、最开化的部分**。古自古有名望且军纪严明的勇士守卫着**它的辽阔前线**。宽容而有力的法治影响力逐渐**通行各省**。他们平和的居民一面享受并挥霍着巨大的财富，一面体面地保留着**自由宪法**。罗马元老院似乎仍然执掌最高权限，实际已将一切**行政大权**交予皇帝。

3. 呼应强调部分

如果句末存在用于强调的词或词组，且与前面某个强调语在音、意上互相平衡，那么读者就会认为这是在着重强调。以下这些例子出自彼得·盖伊（Peter Gay）《历史中的文风》（*Style in History*）一书：

> ✓ I have written these essays to anatomize this familiar yet really strange being, **style the centaur**; the book may be read as an extended critical commentary on Buffon's famous saying that **the style is the man.**
>
> 我撰写这些文章旨在剖析一种人们既熟悉又陌生的存在，即半

---

① 译文引自：王佐良，李赋宁，等主编. 英国文学名篇选注[M]. 北京：商务印书馆，1983：597. ——译者注

人半马的怪物。这本书可作为关于布冯名言**"风格即人格"**的批判性评论的延伸阅读。

如果某个强调语与前面某个强调语相呼应,那么这种平衡结构给人一种特别强调的感觉:

- √ Apart from a few mechanical tricks of rhetoric, **manner** is indissolubly linked to **matter**; **style shapes,** and in turn is **shaped** by, **substance.**
  除了一些墨守成规的修辞手法以外,**风格**与**实质**不可分割;**文风的成型**,反过来也离不开**内容的塑造**。
- √ It seems frivolous, almost inappropriate, to be **stylish** about **style** …
  要有**风格地**探讨**文风**,似乎不太严肃,甚至不合时宜……

盖伊运用呼应手法,产生 manner(风格)和 matter(实质),style(文风)和 substance(内容),shapes(成型)和 shaped by(塑造)的前后呼应。

4. 交错配列法

可能只有那些痴迷于浮诡文风的人才会对 Chiasmus(发音是"kye-AZZ-muss",中文名为交错配列法)这种修辞手法感兴趣。"Chiasmus"一词源于希腊语,相当于英文中的"crossing"(交错)。交错配列法指句子前后两部分中的组成成分一一对应,形成平衡结构,但是句子后半部分与前半部分用词一致,语序对调,构成交错配列。下面这个句子前后两部分既并列也平行,但因为两部分语序一致(1A1B:2A2B),故不形成交错配列:

√ A concise style can improve both { **our own**[1A] *thinking*[1B] and **our readers'**[2A] *understanding*.[2B] }

√ 简明的文风可以促进 { **我们自己的**[1A]思考[1B] 和 **读者的**[2A]理解[2B] }

为了营造特殊效果，我们可以把第二部分中各要素的顺序调换，使其与第一部分中的各要素呈镜像对应。这样，各要素的顺序从 1A1B：2A2B 变成了 1A1B：2B2A。

√ A concise style can improve not only { **our own**[1A] *thinking*[1B] but the *understanding*[2B] of our readers.[2A] }

简洁的文风不仅能促进 { **我们的**[1A]思考[1B] 也能 在理解[2B]方面给读者[2A]带来提升。 }

下面这个例子更复杂。前两个要素平行对应，后三个要素呈镜像对应，即：AB CDE：AB EDC。

{ You[A] reveal[B] **your own**[C] *highest rhetorical*[D] SKILL[E] by the way you[A] respect[B] THE BELIEFS[E] *most deeply held*[D] **by your reader.**[C] }

{ 你[A]展现[B]**自己**[C]最高超的修辞[D]技巧[E]， 同时 你[A]也在尊重[B]信念[E]方面满足大多数深信此道[D]**的读者**[C]。 }

5. 悬置结构

现在，你可以忽略前文中的一些建议，改用一个戏剧性的高潮来结束句子。在第九课中，我曾指出句子要以重点开头。但懂得优雅写作之道的人通常会以一连串平行对应的词组或短句给句子开头，这样可以把句子的高潮延迟到句尾，并达到更佳的效果。

If [journalists] held themselves as responsible for the rise of public cynicism as they hold "venal" politicians and the "selfish" public; if they considered that the license they have to criticize and defame comes with an implied responsibility to serve the public—if they did all or any of these things, they would make journalism more useful, public life stronger, and themselves far more worthy of esteem.

——*James Fallows*, *Breaking the News*:
How the Media Undermine American Democracy

如果[记者]能像他们指责政客"贪赃枉法"和公众"自私自利"一样,承认自己应为社会上蔓延的消极情绪负责;如果他们认识到,新闻工作赋予自己口诛笔伐特权的同时,也包含了自己为公众服务的职责——如果他们能做到所有这些事,或者即使只做到其中一些,那么新闻工作将会发挥更大的作用,民生保障更有力,他们自己也会远比当下更值得尊重。

——詹姆斯·法洛斯《新闻揭秘:媒体如何破坏美国的民主》

这句话(法洛斯书中的最后一句)以三个 if 从句开头,以三个并列成分结束,而且把最长的 of + 名词化结构(*worthy of esteem*)置于最后。但是,同其他此类技巧一样,长的悬置句的效果和它的使用频率成反比:用得越少,效果越好。

> **要点提示**:优雅的句子应当结尾有力。以下五种方法可以达到这个效果:
> 1. 以一个有分量的词结尾,使用两个效果更好。
> 2. 以 of 引导的介词短语结尾。
> 3. 以呼应强调部分的内容结尾。
> 4. 以交错配列句结尾。
> 5. 用悬置从句将句子的要点延后。

奢华的优雅

如果写作者在一个句子中使用所有这些要素，则肯定是想达到某种特殊效果。以下文为例：

> Far from being locked inside our own skins, inside the "dungeons" of ourselves, we are now able to recognize that our minds belong, quite naturally, to a collective "mind," a mind in which we share everything that is mental, most obviously language itself, and that the old boundary of the skin is not boundary at all but a membrane connecting the inner and outer experience of existence. Our intelligence, our wit, our cleverness, our unique personalities—all are simultaneously "our own" possessions and the world's.
> ——Joyce Carol Oates, "New Heaven and New Earth"

> 我们现在已经能够认识到，每个人的思维不是被封锁在自己的皮肤里，封锁在自己的"地牢"里的，而是很自然地属于一种集体的"思维"，在这种思维中，我们能在其中分享一切精神层面东西，其中最典型的就是语言，而皮肤不再是分界线，它只是一层连接着内部和外部生存体验的隔膜而已。智力、才思、聪明，所有我们独有的个性，既是"我们自己"的所有物，也是这个世界的。
> ——乔伊斯·卡罗尔·欧茨《新天地》

下面对这段文字的结构进行剖析：

Far from being locked **inside** our own skins,
　　　　　　　　　　　inside the "dungeons" of ourselves,
we are now able to recognize

$$\left\{\begin{array}{l}\text{that our minds belong, quite naturally, to a collective \textbf{"mind,"}}\\ \textbf{a mind} \text{ in which we share} \left\{\begin{array}{l}\text{everything that is } \textit{mental},\\ \text{most obviously } \textit{language}\\ \qquad\qquad\qquad\qquad \textit{itself},\end{array}\right.\\ \qquad\qquad\text{and}\\ \text{that the old boundary of the skin is} \left\{\begin{array}{l}\text{not } \textit{boundary} \text{ at all}\\ \text{but}\\ \text{a } \textit{membrane} \text{ connecting the inner and outer}\\ \textbf{experience of existence.}\end{array}\right.\end{array}\right.$$

$$\left\{\begin{array}{l}\text{Our intelligence,}\\ \text{our wit,}\\ \text{our cleverness,}\\ \text{our unique personalities}\end{array}\right\} \text{all are simultaneously} \left\{\begin{array}{l}\text{"ourown" possessions}\\ \text{and}\\ \text{the world's.}\end{array}\right.$$

我们现在已经能够认识到,

每个人的思维不是被**封锁**在自己的皮肤里,

　　　　　　　封锁在自己的"地牢"里,

$$\left\{\begin{array}{l}\text{而是属于一个集体"思维",}\\ \text{在这种"思维"中,我们分享} \left\{\begin{array}{l}\text{一切精神层面的东西,}\\ \text{其中最典型的就是语言,}\end{array}\right.\\ \qquad\qquad\text{而且}\\ \text{作为旧式分界线的皮肤} \left\{\begin{array}{l}\text{不再是分界线}\\ \text{它只是一层连接着内部和外部}\\ \textbf{生存体验}\text{的隔膜而已。}\end{array}\right.\end{array}\right.$$

$$\left\{\begin{array}{l}\text{我们的智力,}\\ \text{我们的才思,}\\ \text{我们的聪明,}\\ \text{所有我们独有的个性}\end{array}\right\} \text{所有这些都是同时发生的} \left\{\begin{array}{l}\text{既是"我们自己"的所有物}\\ \text{也是这个世界的。}\end{array}\right.$$

除了对应结构外,请读者注意选段中的两个重复性修饰语:

> Far from being locked **inside** our own skins,
> 　　　　　　　**inside** the "dungeons" of ourselves ...
> ……不是被封锁**在**我们的皮肤**里**,
> 　　　　封锁在自己的"地牢"里……
>
> our minds belong ... to a collective "**mind**,"
> 　　　　　　　**a mind** in which we share ...
> ……属于一种集体"**思维**",
> 　　　　在这种思维中,我们能在其中分享……

同时还需注意第一句末尾出现的两个名词化结构,以及第二句末尾对应的名词化结构:

> ... the inner and outer experience of existence.
> ……内部和外部生存体验。
> ... "our own" possessions and the world's.
> ……既是"我们自己"的所有物,也是这个世界的。

还有更复杂的写法。下面这段话选自弗雷德里克·杰克逊·特纳(Frederick Jackson Turner)的著作《美国历史上的边疆》(*The Frontier in American History*),这是该书的最后一段:

> This then is the heritage of the pioneer experience—a passionate belief that a democracy was possible which should leave the individual a part to play in a free society and not make him a cog in a machine operated from above; which trusted in the common man, in his tolerance, his ability to adjust differences with good humor, and to work out an American type from the contributions of all nations—a type for which he would fight against those who challenged it in arms, and for which in time of war he would make sacrifices, even the temporary sacrifice of his individual freedom and his life,

lest that freedom be lost forever.

　　这就是先驱们的经历中留下的宝贵遗产：一份对民主定能实现的坚定信念。这样的民主可以让每个人在自由社会中发挥作用，而不是成为一台机器上的小齿轮，任由上级操控；这样的民主对每一个普通人都怀有信任，坚信他有足够的宽容，有能力以乐观的心态去矫正不公，去和所有民族一起为实现美国模式而奋斗——为此，他愿意与那些以武力威胁的人作斗争，为此，他愿意在战争中做出牺牲，甚至是暂时牺牲他的个人自由和生命也在所不惜，只为了不让民主自由永远消失。

请注意以下几点：
- 开头部分的总结性修饰语：a passionate belief that ...（坚定信念……）
- 在每个对应句中，甚至在句里的对应成分中，第二个要素的长度和分量逐渐增加
- 以 type（模式）和 sacrifice（牺牲）开始的两个重复性修饰语

这种写法可能有些过头了，特别是最后十六个词语组成的四对交错配列：

　　the temporary[1] sacrifice[2] of his individual freedom[3] **and** *his life*[4], lest[4] that freedom[3] be lost[2] **forever**[1].

　　暂时[1]牺牲[2]他的自由[3]和生命[4]，只为了不[4]让民主自由[3]永远[1]消失[2]。

　　temporary（暂时）与 forever（永远）意思对应，sacrifice（牺牲）与 be lost（消失）对应，自由（freedom）与自由（freedom）对应，life（生命）与 lest（只为了不）读音对应（更不用说 lest 和 lost 的基本押韵）。如今很少见到这样的句子了。

　　下面是对这段话的剖析：

这就是先驱们的经验所留下的宝贵遗产——

　　［总结性修饰语］——→对民主能够实现的坚定信仰。

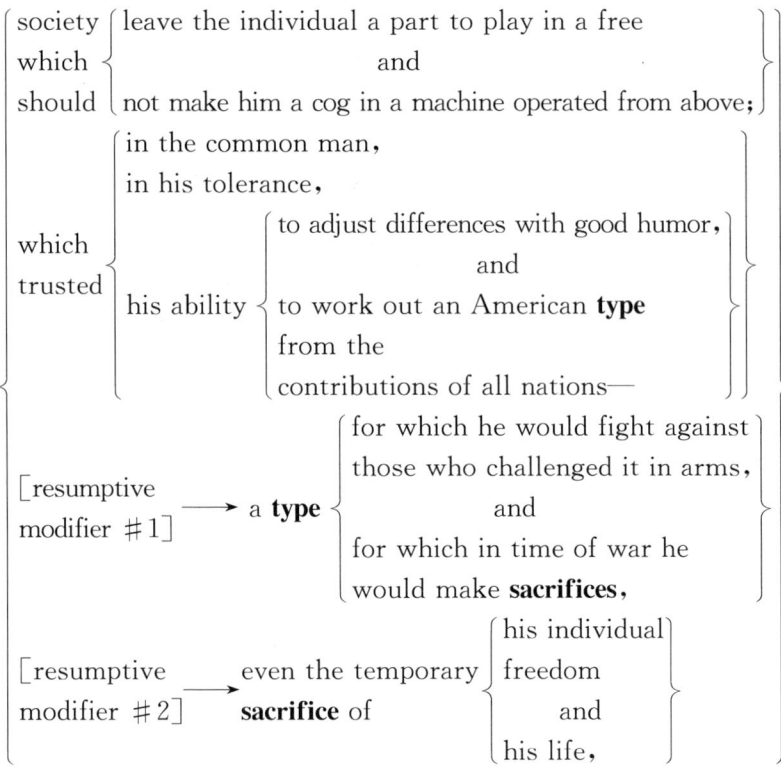

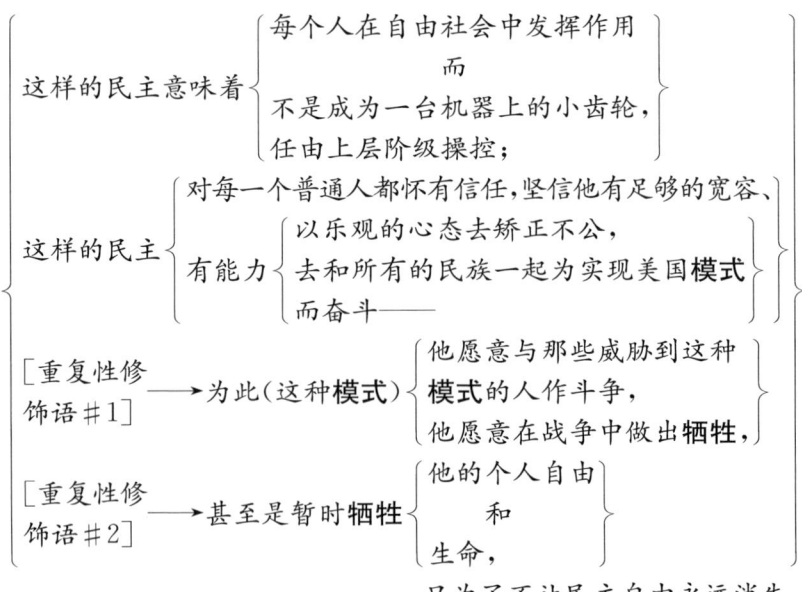

长度和韵律的细微玄妙

大多数写作者不会刻意规划句子的长短,这也不会造成什么问题,除非每个句子都少于 15 个单词,或者都很长。不过文法巧妙一些的写作者的确会刻意控制句子的长度来达到某些目的。比如他们会写一些短句,来营造一种紧迫感。

> Toward noon Petrograd again became the field of military action; rifles and machine guns rang out everywhere. It was not easy to tell who was shooting or where. One thing was clear; the past and the future were exchanging shots. There was much casual firing; young boys were shooting off revolvers unexpectedly acquired. The arsenal was wrecked ... Shots rang out on both sides. But the board fence stood in the way, dividing the soldiers from the revolution. The attackers decided to break down the fence. They broke down part of it and set fire to the rest. About twenty barracks came into view. The bicyclists were concentrated in two or three of them. The empty barracks were set fire to at once.
> ——Leon Trotsky, *History of the Russian Revolution*, trans. Max Eastman

> 接近中午时分,彼得格勒再次发生军事行动;步枪、机枪声此起彼伏。想要辨认谁开枪,在哪开枪都十分困难。只有一个事实很清楚,即过去和未来在交换枪声。枪声时不时响起,男孩们用意外获得的左轮手枪四处射击。兵工厂被摧毁。两边都传出枪声。但木板栅栏拦在中间,士兵们无法完成革命。进攻者们决定毁掉栅栏。他们破坏了一部分,将剩下的放火烧了。大约 20 座营房出现在他们眼前。这些骑着自行车的人选中其中两三座营房。空的营房顷刻间被大火点燃。
> ——列夫·托洛茨基《俄国革命史》,马克斯·伊斯特曼译

或者简洁明了：

The teacher or lecturer is a danger. He very seldom recognizes his nature or his position. The lecturer is a man who must talk for an hour.

France may possibly have acquired the intellectual leadership of Europe when their academic period was cut down to forty minutes.

I also have lectured. The lecturer's first problem is to have enough words to fill forty or sixty minutes. The professor is paid for his time, his results are almost impossible to estimate…

No teacher has ever failed from ignorance.

That is empiric professional knowledge.

Teachers fail because they cannot "handle the class."

Real education must ultimately be limited to men who INSIST on knowing, the rest is mere sheep-herding.

——Ezra Pound, *ABC of Reading*

老师，或者说讲师都是危险分子。他们很少能够认清自己的本性或位置。讲师是那种必须能讲上一个小时的人。

当法国将上课时间缩短到四十分钟的时候，他们可能就获得了欧洲知识领袖的地位。

我也当过讲师。讲师的第一个问题就是要有足够的话来填满四十或六十分钟的课堂。教授的时间是学生付了费的，但上课的效果却几乎无法评估……

没有老师能够摆脱学生的无视。这是经验之谈。

老师的失败来源于他们没有能力"处理好整个班级"。

真正的教育最终一定仅限于那些坚持学习的人，剩下人的只是跟着放羊而已。

——埃兹拉·庞德《阅读ABC》

或者直截了当。这里,马克·吐温(Mark Twain)使用合乎语法的短句来模拟一位成年人对孩子的教诲;但他也用了断开的长句,而不只是长单词,来照顾知识水平更高的读者:

> These chapters are for children, and I shall try to make the words large enough to command respect. In the hope that you are listening, and that you have confidence in me, I will proceed. Dates are difficult things to acquire; and after they are acquired it is difficult to keep them in the head. But they are very valuable. They are like the cattle-pens of a ranch—they shut in the several brands of historical cattle, each within its own fence, and keep them from getting mixed together. Dates are hard to remember because they consist of figures; figures are monotonously unstriking in appearance, and they don't take hold, they form no pictures, and so they give the eye no chance to help. Pictures are the thing. Pictures can make dates stick. They can make nearly anything stick—particularly if you make the pictures yourself. Indeed, that is the great point—make the pictures yourself. I know about this from experience.
>
> ——Mark Twain, "How to Make History Dates Stick"

这些章节是写给孩子们的,但我也会试着用长一点的单词来博得尊敬。希望你们可以认真聆听,也希望你们对我有信心,那我就接着写下去。历史日期是很难获得的;即使获得了也很难被人们铭记在心。但是它们是非常有价值的。就像是大农场里的牛栏,里面关着好几种不同历史品种的牛,每一种都被圈养在自己的栅栏里,防止不同品种间混合弄淆。日期很难记,因为它们由数字组成;数字表面上看起来单调且毫不起眼,它们无法抓人眼球,也不能形成画面,所以眼睛无法帮助记忆。画面很重要。画面能够让日期留驻。它几乎能将所有事物留驻,特别是当你自己描绘出画面时。事实上,这就是最重要的一点,自己描绘出画面。我是从经验中了解到这一点的。

——马克·吐温《如何让历史日期留驻》

追求自我意识风格的作家也会写出一些极长的句子。下面这段话就来自这样一位作家,这段话婉转曲折,反映了抗议游行的混乱进展:

> In any event, up at the front of this March, in the first line, back of that hollow square of monitors, Mailer and Lowell walked in this barrage of cameras, helicopters, TV cars, monitors, loudspeakers, and wavering buckling twisting line of notables, arms linked (line twisting so much that at times the movement was in file, one arm locked ahead, one behind, then the line would undulate about and the other arm would be ahead) speeding up a few steps, slowing down while a great happiness came back into the day as if finally one stood under some mythical arch in the great vault of history, helicopters buzzing about, chop-chop, and the sense of America divided on this day now liberated some undiscovered patriotism in Mailer so that he felt a sharp searing love for his country in this moment and on this day, crossing some divide in his own mind wider than the Potomac, a love so lacerated he felt as if a marriage were being torn and children lost—never does one love so much as then, obviously, then—and an odor of wood smoke, from where you knew not, was also in the air, a smoke of dignity and some calm heroism, not unlike the sense of freedom which also comes when a marriage is burst—Mailer knew for the first time why men in the front line of battle are almost always ready to die; there is a promise of some swift transit ... [it goes on]
>
> ——Norman Mailer, *The Armies of the Night: History as a Novel, the Novel as History*

无论什么情况下,在游行队伍的前列,在第一排,在督导员组成的空心方阵后面,梅勒和洛厄尔在一排阻拦火网中迈步:摄像机、直升机、电视车、督导员、扩音器以及不断晃动、变形和扭曲的名人队列,他们手挽着手[横队扭曲得如此厉害以致有时以一路纵队行进,人们一只胳膊在前,一只胳膊在后,队伍接着又发生变化,人们的另一只胳膊又挽住了前面的人],疾速走上几步,又慢了下来,人们变得兴高采烈起来,似乎置身伟大的历史拱门之下,如神话一般,直升机在四周盘旋,嗡嗡作响,赶快,赶快,梅勒感到今天美国产生了分歧,这倒唤起了他某种未曾发觉的爱国心,他感到此时此刻对于国家有一种敏锐而炽热的感情,越过了头脑中比波多马克河还宽的鸿沟,这种爱如此撕裂,他觉得好似婚姻破裂了,孩子也失去了——谁也没有比那一刻,就是那一刻,爱得更深——空气中飘溢着一般不知从哪儿来的木头燃烧气味,一种肃穆的烟雾,带着某种低沉的英雄主义,和婚姻破裂之后的轻松感颇为相似——梅勒这才领悟到为什么处在战斗第一线的人们几乎随时准备献身:因为在他们身上可能会出现迅速转变……[未完]

——诺曼·梅勒《夜幕下的大军》

这段话读起来就好像我们在偷听梅勒自然流露的心声。不过,这样的文字并非浑然天成,而是凝聚了一种匠心。

- 梅勒开始用简短、不连贯的短句来制造困惑,但他采用并列手法掌控这些成分。
- 他将自由式修饰语并列起来延展句子:*arms linked* ... (*line twisting* ...) *speeding up* ...[手挽着手……(横队扭曲……)疾速……]
- 自由式修饰语后面跟的是重复性修饰语:*a love so lacerated* ...(这是一种备受伤害的感情……)
- 另一语法句后,作者又用了一处重复性修饰语:*a smoke of dignity and some calm heroism* ...(一种肃穆的烟雾,带着某种低沉的英雄主义……)

> **要点提示**：如果发现一句话超过 30 个词，或少于 15 个词，就要引起警惕。如果你在处理婉转曲折的句型时，采用本课讲述的方法，就会让行文更加自然流畅。当然，如果条件允许，你可以大胆尝试其他方法。

第十一课

文风的伦理道德

> 文风是心灵的终极美德。
> ——阿尔弗雷德·诺斯·怀特海(Alfred North Whitehead)

润色之外

人们往往认为,讲究写作文风就是润色句子,使文章读起来更通顺而已。但是下面这两个句子中,关系重大的却是选择谁做主语和谓语:

1a. **Shiites and Sunnis DISTRUST** one another because **they HAVE ENGAGED** in generations of cultural conflict.

什叶派和逊尼派彼此不信任是因为他们长期陷于文化冲突。

1b. **Generations of cultural conflict HAVE CREATED** distrust between Shiites and Sunnis.

长期以来的文化冲突导致什叶派和逊尼派彼此不信任。

哪句话更清楚地说明了造成什叶派和逊尼派彼此不信任的原因呢——是如(1a)中他们主动行为造成的结果呢,还是(1b)中历史环境带来的自然结果?对主、谓语的选择甚至可能牵涉截然相反的哲学观:人类应按照自由意志行事,还是受到客观环境的左右?在后文中,我们将以美国《独立宣言》(The Declaration of Independence)为例进行分析。

选择人物还是选择这些人物所处的环境作为叙事的中心,并不仅仅是为了让文章通顺易读,或者反映写作者的哲学立场,而是另有道德层面的意义。

作者和读者的道德责任

前十课强调写作内容清晰是作者对读者负责任,但是读者也应当认真思考内容,否则如果都以读儿童文学作品的思路去读所有作品,肯定不会理解,这是读者对作者负责。比如,工程师没有能力将下面这句话改写成人人都容易理解的句子:

> The drag force on a particle of diameter **d** moving with speed **u** relative to a fluid of density **p** and viscosity **μ** is usually modeled by $F = 0.5 C_D U^2 A$, where A is the cross-sectional area of the particle at right angles to the motion.
>
> 直径为 **d** 的粒子,在密度为 **p**,黏度为 **μ** 的液体中,以 **u** 的速度运动,那么作用在粒子的阻力可以用公式 $F = 0.5 C_D U^2 A$ 计算,其中 A 是粒子垂直于运动方向的横断面积。

大多数人会很用心地理解作者的意思——实在理解不了,就认为是作者没用心写,甚至会认为作者故意把句子写得这么晦涩难懂。一旦我们认定是作者粗心、懒惰或者没有原则——那么我们就不必浪费自己有限的时间读对读者不负责任的作家的作品。

我们对毫无理由制造出来的阅读困扰会如此厌恶,恰恰强调作者要对读者负责。如果我们不想看其他人不用心写出来的东西,那也不要写晦涩的文字给别人看,这样才公平。有社会责任感的作者在写作时,不会把内容写得过于浅显,也不会过于深奥。

负责任的作者都遵循一条原则,其主旨也许比你认为的更具普遍性:

> Write to others as you would have others write to you.
> 你希望别人怎样写给你看,你就怎样写给别人看。

几乎没有人故意违反这条写作的第一原则。可问题在于，我们往往会觉得自己写得很清楚，如果有人很难理解，那么问题一定不在于自己的写作水平拙劣，而在于读者的阅读能力不够。

这样的想法是错的，因为如果我们低估了读者的实际需求，有可能失去的就不仅仅是读者的关注了。我们可能会失去自亚里士多德以来作家们称之为可靠人格的东西，读者会从作品中推断作者的人格特点：是难以接近的还是能够接近的？是值得信赖的还是善于欺骗的？是亲切直率的还是冷漠疏离的？

慢慢地，作者的人格会植入自己的一部部作品中，逐渐演化为名誉。所以，多一步去帮助读者理解作品不仅是一种无私的体贴，更是一种聪明练达，因为读者青睐对读者的需求思虑周全、忠实可靠且细致体贴的作者。

然而这里最要紧的不仅是名誉，还有文明社会的伦理道德基础。出于原则，我们会按道德要求写作，我们会和自己潜在的读者交换立场，体验他们阅读自己作品之后的反应。但是，这件事并没有那么简单。比如，我们要如何评判那些无意识地将作品写得模糊难懂，或者那些故意且坚持用隐晦手法写作的人呢？

无意识的隐晦

那些用看似紧凑、曲折的手法写作的作家很少是故意为之的。例如，我不相信下面这段文字的作者是故意把它写得不清不楚：

> A major condition affecting adult reliance on early communicative patterns is the extent to which the communication has been **planned** prior to its delivery. We find that adult speech behaviour takes on many of the characteristics of child language, where the communication is spontaneous and relatively unpredictable.
>
> ——E. Ochs and B. Schieffelin, "Planned and Unplanned Discourse," *Acquiring Conversational Competence*

影响成年人对于早期交流模式依赖性的主要情况在于将想说

的话在说出口之前已**计划**到了何种程度。我们发现,成年人演讲行为表现出很多儿童语言的特点,即交流语言呈现自然且相对不可预测的特性。

——E.奥克斯,B.席费林,"有准备和无准备对话",
《提升语言交流能力》

这段话的意思相当于(我的个人意见):

When we speak spontaneously, we rely on patterns of child language.
当我们自然地说话时,我们使用的是儿童语言模式。

作者或许会表示反对,认为我过分简化了原来的观点,但这 11 个词就是我从以上 44 个词中得出来的。而且,真正重要的不是我们读懂了什么,而是读完后的第二天我们能回忆起多少内容。

这个例子涉及的伦理问题不是作者明知道文风的重要性却依然不在乎,而是他们自己也没有这方面的意识。在这种作者对文风也知之甚少的情况下,读者有义务履行他们和作者之间的"契约":更仔细地阅读;不仅如此,如果有机会的话,还应如实向作者反馈,帮助作者。我知道,很多人都会认为自己并没有立场来做这件事,但终有一天我们会有的。

刻意误导

作者有时是有意识地利用语言来掩盖自己的意图,而非为读者的利益着想。在这种情况中,写作的伦理问题就更加突出了。

案例 1:究竟是谁犯了错?

西尔斯公司曾因对汽车维修服务收费过高而受到指责。对此,西尔斯公司在一个广告中做出了如下回应:

With over two million automotive customers serviced last year in California alone, mistakes may have occurred. However, Sears wants you to know that we would never intentionally violate the trust customers have shown in our company for 105 years.

过去一年里,仅在加利福尼亚州,西尔斯公司就为两百多万名顾客提供了汽车服务,在这两百多万次服务中,或许会有差错发生。但我们向您承诺,西尔斯绝不会有意辜负 105 年以来顾客对我们的信任。

在第一句中,作者刻意回避了西尔斯公司是责任方这一事实。作者本来可以使用被动语态动词:

... mistakes **may have been made.**
……或许会有差错**被造成**。

但是这么说会促使我们进一步思考:"被谁造成?"于是作者换了一个动词,转而说会有差错"发生",这样一来,就显得差错是自然产生的,从而削弱了西尔斯公司的存在感。

相反,作者的第二个句子以西尔斯公司为中心,因为他要强调西尔斯公司的本意是好的:

Sears ... would never intentionally violate ...
西尔斯公司……绝不会有意辜负……

如果我们修改一下,在第一句中着重强调西尔斯公司,在第二句中略去西尔斯公司,这段话的效果会截然不同:

When we serviced over two million automotive customers last year in California, we made mistakes. However, you should know that no intentional violation of 105 years of trust occurred.

西尔斯公司过去一年在加利福尼亚州向两百多万顾客提供服务时出现了差错。但是,您要知道,有意辜负顾客105年来信任的事情绝不可能发生。

这就是操控文风的目的之一：对自己有利,却又不对他人造成伤害。下面这个例子在这一点上表现得更加明显。

案例2：谁来付这笔钱？
再来看看下面这封来自一家天然气公司的信件。在这封信中,该公司告知包括我在内的用户它将提高天然气的费用(加粗的部分为每个句子中主要或次要的主语/话题)。

The Illinois Commerce Commission has authorized a restructuring of our rates together with an increase in Service Charge revenues effective with service rendered on and after November 12, 1990. **This** is the first increase in rates for Peoples Gas in over six years. **The restructuring of rates** is consistent with the policy of the Public Utilities Act that **rates for service to various classes of utility customers** be based upon the cost of providing that service. **The new rates** move revenues from every class of customer closer to the cost actually incurred to provide gas service.

伊利诺伊州商业委员会已经同意更改我们的费率,提高1990年11月12日及以后的服务费收入.**这**是六年多来煤气公司费率首次上调。**费率变动**与公用事业法案政策是一致的,即**不同类别公共服务用户的服务费率**是基于提供该项服务所需的成本而定。**新费率**使得不同阶层的人们付出的煤气费更接近为他们提供煤气服务所需的成本。

这个通知就是一个误导性例子：第一句之后,作者不再使用人做主语,尤其是那些与利益最相关的人物——我和读者。我只以第三人称被提到两次，不是以主语/话题/主体：

> ... for service to various classes of utility **customers**
> ……对于不同类别公共服务**用户**的服务
> ... move revenues from every class of **customer**
> ……使得不同阶层的**人们**付出的煤气费

作者仅仅以第三人称提到公司一次，并且不是以一个承担责任的主语/话题/主体：

> ... increase in rates for **Peoples Gas**
> ……**煤气公司**费率上调

如果公司想要让"行为者"和被作用的对象更清楚，那么这份通知应该这么写：

> According to the Illinois Commerce Commission, **we** can now make **you** pay more for your gas service after November 12, 1990. **We** have not made **you** pay more in over six years, but under the Public Utilities Act, now **we** can.
> 根据伊利诺伊州商业委员会的相关政策，**我们**可以让**您**在1990年11月12日之后付更多的煤气服务费。六年多以来，**我们**一直没有上调**您**的费率，但根据公用事业法案，**我们**现在可以这么做了。

如果作者有意回避责任，那么我们可以控告他违反了道德写作的第一条原则。当然，他本人也不希望有谁按这种方式写与他相关的文本，刻意隐藏那个做了与他息息相关的事的行为者。

案例3：谁会死？
最后，下面这篇文章中提及了一个更大的、涉及生死的道德问题。

前段时间,政府会计办公室调查了为什么收到车辆召回信的车主中,有一半以上没有去维修他们的车。结果表明,原因是车主读不懂信件,或是没有因内容引起足够的重视而将车送去维修。

我收到的信件内容如下。(当被问及我的车时,我避开了问题。)这展示了一个作者是怎样做到既承担法律规定的责任,又回避道德问题(我给句子标了号):

> ¹A defect which involves the possible failure of a frame support plate may exist on your vehicle. ²This plate (front suspension pivot bar support plate) connects a portion of the front suspension to the vehicle frame, and ³its failure could affect vehicle directional control, particularly during heavy brake application. ⁴In addition, your vehicle may require adjustment service to the hood secondary catch system. ⁵The secondary catch may be misaligned so that the hood may not be adequately restrained to prevent hood fly-up in the event the primary latch is inadvertently left unengaged. ⁶Sudden hood fly-up beyond the secondary catch while driving could impair driver visibility. ⁷In certain circumstances, occurrence of either of the above conditions could result in vehicle crash without prior warning.
>
> ¹您的车辆可能存在某种缺陷,导致车架支撑板无法正常工作。²该支撑板(前悬架枢轴杆支撑板)将前悬架的一部分与车架连接,且³该缺陷会影响车辆方向控制,紧急刹车时尤其可能发生。⁴另外,您的车辆可能需要发动机罩二级挂钩系统的调整服务。⁵该二级挂钩可能会被错误放置,没有被充分固定,若一级主锁没有完全锁好,那么挂钩无法防止机罩飞起。⁶驾驶时二级挂钩前的机罩突然飞起会影响驾驶员的视野。⁷在某些情况下,如果没有事先预警,以上任一情况发生都会导致车祸。

首先,我们先来看一下这些句子的主语/话题:

[1]a defect　　　　　　　[2]this plate　　　　　　[3]its failure

（[1]缺陷）　　　　　　（[2]该板）　　　　　　（[3]该缺陷）

[4]your vehicle　　　　　[5]the secondary catch

（[4]您的车辆）　　　　（[5]二级挂钩）

[6]sudden hood fly-up　　[7]occurrence of either condition

（[6]机罩突然飞起）　　（[7]任一情况发生）

该段内容的主要角色/话题不是"我"或"驾驶员",而是"我"的车辆和其零件。实际上,作者几乎完全把"我"忽略了("我"的角色在"您的车辆"中出现两次,在"驾驶员中"出现一次),并且未提及与他们有关的一切。总而言之,它的意思是:

There is a car that might have defective parts. Its plate could fail and its hood fly up. If they do, it could crash without warning.
　　该车辆可能存在缺陷。它的支撑板将无法正常工作,机罩会飞起。如果这些情况发生,将发生车祸且没有任何预警。

作者同时还将许多可能会引起读者注意的行为动词改成名词化结构或是改成被动语态(n=名词化结构,p=被动语态):

failure$_n$　　　　　　　　　vehicle directional control$_n$

（缺陷$_n$）　　　　　　　（车辆方向控制$_n$）

heavy brake application　　be misaligned$_p$

（紧急刹车$_n$）　　　　　（被错误放置$_p$）

not be restrained$_p$　　　　hood fly-up$_n$

（没有被固定$_p$）　　　　（机罩飞起$_n$）

is left unengaged$_p$　　　　driver visibility$_n$

（没有锁好$_p$）　　　　　（驾驶员的视野$_n$）

warning$_n$

（预警$_n$）

如果作者刻意通过行文手段让读者忽略本该担忧或者愤怒的事实,那么他们就没有履行自己的道德义务。当然,他们绝对不愿和读者换位,去接收一段让你忽略可能带来生命危险的信息。

当然,坦诚是需要付出代价的。如果我坚持每个人都有自由按自己的意愿写作,哪怕这位作者的工作职责在于保护其雇主的利益,那未免太过天真。或许这封信的作者认为自己这么写是被迫的,但可能导致的后果并不会因此减轻。如果我们故意按某种方式写文本,而这种方式是我们不希望别人采取的,那么我们便损害了维系文明社会的信任。

不过,人们都有想要把坏消息传达得委婉些的心态,我们不能把这种心态与违反写作伦理的含糊其辞混为一谈。如果,你的导师跟你说:"I'm afraid our new funding didn't come through."(恐怕,我们最近申请的资金没有获批。)那么,他实际上是想说:"you have no job.(你要失业了。)"但是这种委婉的措辞是善意的,并非虚伪。

总而言之,主语的选择不仅对写作是否清晰产生影响,也是写作者想要开诚布公或者欺骗读者时的关键因素。

合理的晦涩
必要的繁复

有些写作者知道自己的文字令人费解,但他们声称自己是在提出一个全新的知识概念,所以必须如此。这种情况下的道德问题就变得更复杂了。事实确实如这些写作者说的那样,还是他们只是在给自己找借口?这个问题很难回答。因为我们要具体案例具体分析,不仅如此,有些案例是无法得出结论的,至少,无法得出让所有人都满意的结论。

例如下面这个句子(它的作者是一位当代文学理论的头面人物):

> If, for a while, the ruse of desire is calculable for the uses of discipline soon the repetition of guilt, justification, pseudo-scientific

theories, superstition, spurious authorities and classifications can be seen as the desperate effort to "normalize" formally the disturbance of a discourse of splitting that violates the rational, enlightened claims of its enunciatory modality.

——Homi BhaBha

如果，在动用纪律时，可以把欲望的诡计量化，那么很快，屡次犯罪、辩解、伪科学理论、迷信、伪权威和贴标签分类都能被视作为带有分裂目的的论调造成的混乱来正名而做出的不顾一切的努力，这种论调违反了它自己的阐述模式所主张的理性和开明。

——霍米·巴巴

这句话阐述的概念真的如此隐晦、复杂，以至于只能用这种句子来表达吗？还是说它只是写得太繁琐了，就跟很多其他学术文章一样？既然大多数人确实要花很大力气才能读懂这句话，那么我们该如何确定这位作者想表达的含义是不是（至少对于普通读者来说）真的很难理解？

我们确实要从读者的角度考虑，在写作时注重准确和细致。但我们不能理所当然地认为读者得把时间都花在读懂我们的文章上。当然了，这是个自由的国家，写作者有权利采用让读者费解的文风。但在自由交流思想的领域，真理是主要却非唯一的价值标准，挖掘真理所付出的代价也是我们需要考虑的。

最后，我想说一句，如果写作者声称他们要提出新的观点，因而文章难免会有些费解，那么他们通常情况下都错了。语言哲学家路德维希·维特根斯坦曾说：

Everything that can be thought at all can be thought clearly. Everything that can be put into words can be put clearly.

一切能思考的事物都能被清晰地思考。一切能表述的事物都能被清楚地表述。

我要再加一句：

> ... and with just a bit more effort, more clearly still.
> ……只要再花点工夫，就能写得更清晰。

有益的繁复/有害的清晰

有两种对于复杂表述的辩护：一种声称复杂表述是有益的，另一种则声称清晰表述很糟糕。

对于第一种观点，一些人认为，为了理解阅读内容所花费的工夫越多，那么思考会更深，理解也更好。对此，大家都应该高兴的是，并没有证据支持这一愚蠢的辩护，相反，有实质性的证据足以反驳它。

对于第二种观点，一些人认为"清晰"是当权者的工具，目的是在我们的人生由谁真正掌控这一问题上误导我们。他们说，那些掌控事实的人通过看似简洁的说和写将内容通俗化，从而让人们没有能力了解有关政治和社会环境的复杂真相。

> The call to write curriculum in a language that is touted as clear and accessible is evidence of a moral and political vision that increasingly collapses under the weight of its own anti-intellectualism ... It seems to us that those who make a call for clear writing synonymous with an attack on critical educators have missed the role that the "language of clarity" plays in a dominant culture that cleverly and powerfully uses "clear" and "simplistic" language to systematically undermine and prevent the conditions from arising for a public culture to engage in rudimentary forms of complex and critical thinking.
>
> ——Stanley Aronowitz, *Postmodern Education: Politics, Culture, and Social Criticism*
>
> 呼吁用一种被吹捧为清晰和可理解的语言撰写课程就证明了一种道德和政治愿景，但这种愿景正在反智主义浪潮下日益崩塌……

> 在我们看来,那些呼吁清晰写作的人相当于攻击了批判教育家,他们忽视了"清晰语言"在主流文化中扮演的角色。主流文化巧妙并有效地使用"清晰"和"简洁"的语言来系统性地破坏和阻止大众文化参与到复杂和批判思考的基本形式中。
>
> ——史丹利·阿诺维兹《后现代教育:政治、文化和社会批判》

这位作家提出了一个很好的观点:语言与政治、意识形态及控制间密切牵连。在最早的历史时期,受过教育的精英用写作将文盲排除在外,之后用拉丁语和法语将只懂英语的人排除在外。最近,当权者则倚赖充满拉丁文衍生的名词化结构的词汇表以及标准英语,要求那些渴求加入"精英集团"的"外围者"不得不花费十几年时间学习,在此期间,他们不只学到了"精英集团"的语言,更学到了他们的价值观念。

此外,清晰并不是一种自然的美德,它受到了堕落的学者、官僚以及其他怀有嫉妒之心并期冀于保护非法权力的人的破坏。清晰是一种价值,它由社会所创造,并需要社会努力维持,因为清晰写作不只是一件难事,它几乎是一种非自然的行为。它必须通过学习才能获得,有时这个过程甚至是痛苦的(就如此书所论证的)。

所以清晰是不是一种思想价值?它当然是。它怎么可能不是?然而,把清晰视作一种过度简化复杂社会问题的阴谋是错误的,正如有些人因为科学遭恶意滥用而对其诋毁。不管是科学,还是清晰,二者都不会威胁我们,真正威胁我们的是利用清晰(或科学)来欺骗我们的人。清晰本身并不会有破坏作用,不道德地利用清晰才是罪魁祸首。我们必须坚持一个原则:那些对我们负有责任的人应当尽其所能告诉我们真相,而且真相越清晰越好。但是,这些人很可能不会这么做,所以我们就多了项任务,那就是要让他们清晰地说出真相。

每写一个句子,我们都要作出选择,衡量这些选择的道德标准就是明确它们背后的动机。只有清楚动机,我们才能知道那些简单或者复杂文章的作者愿不愿意写这些文章,愿不愿意以同样的方式被影响(或被操控),并面对同样的结果。

这看起来再简单不过,但事实并非如此。

延伸分析

写作者们利用文字来操控读者,以实现自己的利益。责怪他们很容易,但是当那些我们认为永远不会欺骗我们的人对我们进行文字操控时,再来想这些问题就非常困难了。然而,也正是因为如此,我们才不得不深刻思考风格和道德的问题。

历史上最有名的文本是《独立宣言》《美利坚合众国宪法》(United States Constitution)以及林肯的《葛底斯堡演说》和第二次就职演说。在这本书之前的版本中,我曾讲到林肯是如何巧妙地在演讲中掌控语言。下面我将分析托马斯·杰斐逊是如何通过掌控他在《独立宣言》中的文风来影响读者对其演说中逻辑的反应。

《独立宣言》因它的逻辑出名。杰斐逊先是讨论人权及人权的根源,然后再展开简单的三段论。

Major premise: When a long train of abuses by a government evinces a design to reduce a people under despotism, they must throw off such government.

大前提:如果政府一味地滥用权力并企图把人民抑压在专制主义的淫威之下,那么人民必须要推翻这样的政府。①

Minor premise: These colonies have been abused by a tyrant who evinces such a design.

小前提:殖民地正遭受着这样一个专制政府的压迫。

Conclusion: We therefore declare that these colonies are free and independent states.

结论:所以,我们宣布这些殖民地成为自由独立的州。

---

① 译文引自:美国历史文献选集[M]. 北京:美国驻华大使馆新闻文化处,1985:10-17. ——译者注

杰斐逊的论点简单直白，正如他所使用的语言一样巧妙。段落开篇解释了为什么被殖民的人们要宣布独立，因为革命者的新想法、声明以及好的理由：

> When, in the course of human events, it becomes necessary for one people to dissolve the political bonds which have connected them with another, and to assume among the powers of the earth, the separate and equal station to which the laws of nature and of nature's God entitle them, a decent respect to the opinions of mankind requires that they should declare the causes which impel them to the separation.
>
> 在人类活动发展的过程中，当一个民族必须解除同另一个民族的联系，并按照自然法则和上帝的旨意，以独立平等的身份立于世界列国之林时，出于对人类舆论的尊重，必须把驱使他们独立的原因予以宣布。

于是他将《独立宣言》分为三部分。在第一部分中，他摆出了自己的大前提，即为一个民族摆脱暴政并建立自己的政府取而代之，提出了哲学辩护理由：

> We hold these truths to be self-evident, that all men are created equal, that they are endowed by their Creator with certain unalienable rights, that among these are life, liberty and the pursuit of happiness. That to secure these rights, governments are instituted among men, deriving their just powers from the consent of the governed. That whenever any form of government becomes destructive to these ends, it is the right of the people to alter or to abolish it, and to institute new government, laying its foundation on such principles and organizing its powers in such form, as to them shall seem most likely to effect their safety and

happiness. Prudence, indeed, will dictate that governments long established should not be changed for light and transient causes; and accordingly all experience hath shown that mankind are more disposed to suffer, while evils are sufferable, than to right themselves by abolishing the forms to which they are accustomed. But when a long train of abuses and usurpations, pursuing invariably the same object evinces a design to reduce them under absolute despotism, it is their right, it is their duty, to throw off such government, and to provide new guards for their future security.

我们认为下述真理是不证自明的：人人生而平等，造物主赋予他们若干不可让渡的权利，其中包括生存权、自由权和追求幸福的权利。为了保障这些权利，人们才在他们中间建立政府，而政府的正当权利，应是经被统治者同意授予的。任何形式的政府一旦对这些目标的实现起破坏作用时，人民便有权予以更换或废除，以建立一个新的政府。新政府所依据的原则和组织其权利的方式，务使人民认为唯有这样才最有可能使他们获得安全和幸福。若真要审慎地来说，成立多年的政府是不应当由于无关紧要的和一时的原因而予以更换的。过去的一切经验都说明，任何苦难，只要尚能忍受，人类还是情愿忍受，也不想为申冤而废除他们久已习惯了的政府形式。然而，当始终追求同一目标的一系列滥用职权和强取豪夺的行为表明政府企图把人民置于专制暴政之下时，人民就有权也有义务去推翻这样的政府，并为其未来的安全提供新的保障。

在第二部分，杰斐逊将这些原则应用于殖民地的状况中：

Such has been the patient sufferance of these colonies; and such is now the necessity which constrains them to alter their former systems of government. The history of the present King of Great Britain is a history of repeated injuries and usurpations, all having in direct object the establishment of an absolute tyranny over these states. To prove this, let facts be submitted to a candid world.

这就是这些殖民地过去忍受苦难的经过,也是他们现在不得不改变政府制度的原因。当今大不列颠王国的历史,就是屡屡伤害和掠夺这些殖民地的历史,其直接目标就是要在各州之上建立一个独裁暴政。为了证明上述句句属实,现将事实公之于世,让公正的世人做出评判。

这些长篇大论就是在控诉国王乔治侵犯殖民地权利的行为,证明了杰斐逊的小前提,即国王意图建立"一个凌驾于各州之上的绝对专制暴政"。

He has refused his assent to laws, the most wholesome and necessary for the public good.

他拒绝批准对公众利益最有益、最必需的法律。

He has forbidden his governors to pass laws of immediate and pressing importance ...

他禁止他的殖民总督批准刻不容缓、极端重要的法律……

He has refused to pass other laws for the accommodation of large districts of people ...

他拒绝批准便利大地区人民的其他的法律……

He has called together legislative bodies at places unusual, uncomfortable, and distant ...

他把各州的立法委员召集到一个异乎寻常、极不舒适而且又很远的地方……

第三部分开头展现了殖民地居民曾经为避免分裂而做出的尝试:

In every stage of these oppressions we have petitioned for

redress in the most humble terms: Our repeated petitions have been answered only by repeated injury. A prince, whose character is thus marked by every act which may define a tyrant, is unfit to be the ruler of a free people.

在遭受这些压迫的每一个阶段,我们都曾以最谦卑的言辞吁请予以纠正。而我们一次又一次地请愿,却只是被报以一次又一次的伤害。一个君主,其品格被他的每一个只有暴君才干得出的行为所暴露时,就不配君临自由的人民。

Nor have we been wanting in attention to our British brethren. We have warned them from time to time of attempts by their legislature to extend an unwarrantable jurisdiction over us. We have reminded them of the circumstances of our emigration and settlement here. We have appealed to their native justice and magnanimity, and we have conjured them by the ties of our common kindred to disavow these usurpations, which, would inevitably interrupt our connections and correspondence. They too have been deaf to the voice of justice and of consanguinity. We must, therefore, acquiesce in the necessity, which denounces our separation, and hold them, as we hold the rest of mankind, enemies in war, in peace friends.

我们并不是没有想到我们英国的弟兄。他们的立法机关想把他们无理的管辖权扩展到我们这里来,我们时常把这个企图通知他们。我们也曾把我们移民来这里和在这里定居的情况告诉他们。我们曾恳求他们天生的正义感和雅量,念在同种同宗的分上,弃绝这些掠夺行为,因为这些掠夺行为难免会使我们之间的关系和来往中断。可他们对这种正义和同宗的呼声充耳不闻。因此,我们不得不宣布脱离他们,以对待世界上其他民族的态度对待他们:同我交战者,就是敌人,同我和好者,即为朋友。

第三部分以实际宣布美国独立收尾:

We, therefore, the representatives of the United States of America, in General Congress, assembled, appealing to the Supreme Judge of the world for the rectitude of our intentions, do, in the name, and by the authority of the good people of these colonies, solemnly publish and declare, that these united colonies are, and of right ought to be free and independent states; that they are absolved from all allegiance to the British Crown, and that all political connection between them and the state of Great Britain, is and ought to be totally dissolved; and that as free and independent states, they have full power to levy war, conclude peace, contract alliances, establish commerce, and to do all other acts and things which independent states may of right do. And for the support of this declaration, with a firm reliance on the protection of divine providence, we mutually pledge to each other our lives, our fortunes and our sacred honor.

因此我们这些在大陆会议上集会的美利坚合众国的代表们，以各殖民地善良人民的名义，并经他们授权，向世界最高法官申诉，说明我们的严重意向，同时郑重宣布：这些联合起来的殖民地现在是，而且按公理也应该是，独立自由的国家；我们对英国王室效忠的全部义务，我们与大不列颠王国之间一切政治联系，全部断绝，而且必须断绝。作为一个独立自由的国家，我们完全有权宣战、缔和、结盟、通商和采取独立国家有权采取的一切行动。我们坚定地信赖神明上帝的保佑，同时以我们的生命、财产和神圣的名誉彼此宣誓来支持这一宣言。

杰斐逊的论点逻辑清晰，他巧妙地利用语言让读者来接受他的逻辑。

第二段和第三段反映了第二课到第五课中阐述的清晰原则。杰斐逊在第二段中使用了"他（英王乔治三世）"这一简短且具体的主语/话题/主体来引领后面的动作。

He has refused ...（他拒绝……）

He has forbidden ...（他禁止……）

He has refused ...（他拒绝……）

He has called together ...（他把……召集起来）

杰斐逊本来可以这样写：

His assent to laws, the most wholesome and necessary for the public good, has not been forthcoming ...

他要批准那些法律，那些对公众最有益、最必需的法律的意愿还没有……

Laws of immediate and pressing importance have been forbidden ...

那些刻不容缓又极其重要的法律已被禁止……

Places unusual, uncomfortable, and distant from the depository of public records have been required as meeting places of legislative bodies ...

那些异乎寻常、极不舒适而又很远的地方被规定为各州立法机构的所在之处……

或者说，他本可以一直把焦点集中在殖民地居民身上。

We have been deprived of Laws, the most wholesome and necessary ...

我们被剥夺了拥有最有益、最必需的法律的权力……

We lack Laws of immediate and pressing importance ...

我们缺少刻不容缓又极其重要的法律……

We have had to meet at places usual, uncomfortable ...

我们不得不在不寻常有不舒服的地方集会……

换句话说，没人强迫杰斐逊把英王乔治三世变成这些暴虐行为的主体，但这种表述方法可以把这一肆意妄为的暴君形象体现得更明显。用这种表达看上去很自然，以至于我们都没有注意到作者其实是刻意为之。

杰斐逊在第三段中也是用了我们前面讲过的清晰原则：他再一次把故事中的人物作为句子的主语/话题。但是，这段中他把人物换成了殖民地居民，也就是"我们"：

> Nor have **we** been wanting in attentions to our British brethren.
> **我们**并不是没有想到我们英国的弟兄。
>
> **We** have warned them from time to time ...
> **我们**时常把这个企图通知他们……
>
> **We** have reminded them of the circumstances of our emigration ...
> **我们**也曾把我们移民来这里的情况告诉他们……
>
> **We** have appealed to their native justice and magnanimity ...
> **我们**曾恳求他们天生的正义感和雅量……
>
> ... **we** have conjured them by the ties of our common kindred ...
> ……念在**我们**同种同宗的分上……
>
> **They** too have been deaf to the voice of justice and of consanguinity.
> 可**他们**对这种正义和同宗的呼声充耳不闻。
>
> **We** must, therefore, acquiesce in the necessity ...
> 因此，**我们**不得不宣布……
>
> **We** ... do ... solemnly publish and declare ...
> **我们**……郑重宣布……
>
> ... **we** mutually pledge to each other our Lives ...
> ……**我们**以生命……彼此宣誓……

除了 They too have been deaf（他们充耳不闻）之外，其他句子的主语/话题都是 we（我们）。

杰斐逊在这里也没有受限于常用的写作方式。他本可以 British brethren（英国的弟兄们）为主语/话题：

> **Our British brethren** have heard our requests ...
>
> 我们的英国弟兄们曾听到我们请求……
>
> **They** have received our warnings ...
>
> 他们曾受到我们的警告……
>
> **They** know the circumstances of our emigration.
>
> 他们了解我们移民过来时的情况。
>
> **They** have ignored our pleas ...
>
> 他们对我们的祈求充耳不闻……

但是杰斐逊用colonists（殖民地居民）做主语，这样读者就把注意力转移到他们为协商而做的一次次努力上来，而后看到的是宣告独立。

这样处理使句子读起来很自然——*King George committed all those tyrannical acts, so we must declare our independence.*（英王乔治三世俨然是个暴君，所以我们必须要独立。）但也不是必须要这么写。杰斐逊在第二部分和第三部分中除了对主语有所讲究，文风方面还有其他过人之处吗？

第一部分唤起了美国人的民族记忆，杰斐逊对主语的选择更有趣。他用了一种截然不同的文风，只有两句话是真正的人做主动主语：

> ... **they** [the colonists] should declare the causes ...
>
> ……他们[殖民地居民]必须宣布原因……
>
> **We** hold these truths to be self-evident ...
>
> 我们认为下述真理是不言而喻的……

其中四个主谓句式中主语简短而具体，但都是被动语态：

> ... **all men** are created equal ...
>
> ……人人生而平等……
>
> ... **they** are endowed by their Creator with certain unalienable rights ...

……造物主赋予**他们**若干不可让与的权利……

... **governments** are instituted among men ...

……人们才在他们中间建立**政府**……

... **governments long established** should not be changed for light and transient causes ...

……**成立多年的政府**是不应当由于无关紧要的和一时的原因而予以更换的……

前两句中的行为主语显然是上帝,但后两个被动句明显模糊了人民群众和殖民地这两个行为主语。前者是比较自然进行隐藏,后者则是特意进行模糊。

第一部分剩下的内容中,杰斐逊选择了一种更加客观的文风,将主语/话题/主题等很多抽象概念变作动词,几乎每一个都很重要。事实上,他的大多数句子都属于我们在第二到第五课中阐述的修改方式:

When in the course of human events, **it** becomes necessary for one people to dissolve the political bands which have connected them with another ...

在人类事务发展的过程中,当一个民族必须解除同另一个民族的联系……

√ When in the course of human events, **we** decide **we** must dissolve the political bands which have ...

人类事务发展过程中,**我们**认为**我们**必须解除同另一个民族的联系……

... **a decent respect to the opinions of mankind** requires that they should declare **the causes** which impel them to the separation.

……出于对人类舆论的尊重,必须把驱使他们独立的**原因**予以宣布。

√ If **we** decently respect the opinions of mankind, **we** must declare why **we** have decided to separate.

如果**我们**尊重人类舆论，**我们**就必须宣布**我们**为何决定独立。

... **it** is the right of the people to alter or to abolish it, and to institute new government ...

……**人民**便有权予以更换或废除，以建立一个新的政府。

√ **We** may exercise our right to alter or abolish it, and institute new government ...

我们可以使用我们的权利去更换或废除它，并建立一个新的政府……

Prudence, indeed, will dictate that governments long established should not be changed for light and transient causes ...

若真要**审慎**地来说，成立多年的政府是不应当由于无关紧要的和一时的原因而予以更换的。

√ If **we** are prudent, **we** will not change governments long established for light and transient causes.

如果**我们**态度审慎，**我们**将不会因无关紧要和一时的原因更换成立多年的政府。

... **all experience** hath shewn, that **mankind** are more disposed to suffer, while evils are sufferable ...

……**过去的一切经验**都说明，任何苦难，只要尚能忍受，**人类**还是情愿忍受……

√ **We** know from experience that **we** can choose to suffer those evils that are sufferable ...

我们从过去的一切经验中知道，**我们**能够选择尚能忍受的苦难去忍受……

... **a long train of abuses and usurpations** ... evinces a design to reduce them under absolute despotism.

……**一系列滥用职权和强取豪夺**的行为表明政府企图把人民置于专制暴政之下。

✓ **We** can see a design in a long train of abuses and usurpations pursuing invariably the same object—to reduce us under absolute despotism.
我们可以看到政府的一系列滥用职权和强取豪夺的行为始终追求同一目标,即把人民置于专制暴政之下。

Necessity ... constrains them to alter their former systems of government.
……是他们现在不得不改变政府制度的**原因**。

✓ **We now** must alter **our former systems of government**.
我们现在必须改变**我们之前的政府制度**。

与第二部分和第三部分中清晰和直接的文风不同,杰斐逊在第一部分采用了迂回和不带个人感情色彩的文风。这又是为何?答案可能是:他要为革命奠定哲学基础——不仅为这场革命,也为所有的革命。西方哲学思想一直认为革命会造成社会动荡,因此,革命不能只为了推翻大家不喜欢的政府,而必须"师出有名"。

第一部分的不寻常之处在于,杰斐逊不仅在论述普遍情形时采用了不带感情色彩的文风,他还用这种风格剥夺了殖民地居民的自由意志,将压迫并导致这些人反抗的因素归咎于某种更高层次的力量:

- **respect** for opinion requires that [the colonists] explain their action
  对人类舆论的**尊重**要求[殖民地居民]为其独立做出解释
- **causes** impel [the colonists] to separate
  驱使[殖民地居民]独立的**原因**
- **prudence** dictates that [the colonists] not change government lightly
  若真要**审慎**地来说,[殖民地居民]不应当出于无关紧要更

换政府
- **experience** has shown [the colonists]

  过去的一切经验都说明，[殖民地居民]
- **necessity** constrains [the colonists]

  是[殖民地居民]不得不……的原因

在第三部分，杰斐逊再次呼应这种压迫并导致这些人反抗的力量：

We must ... acquiesce [to] the necessity, which denounces our separation.

我们不得不宣布脱离他们。

即使殖民地居民没有受到这些抽象概念的胁迫，杰斐逊也将他们描绘成没有自由意志的行为主体：

- It [is] necessary to sever bonds.

  必须解除联系。
- Mankind are disposed to suffer.

  人类还是情愿忍受。
- It is their duty to throw off a tyrant.

  人民有义务去推翻暴政。

由此看来，We hold these truths to be self-evident（我们认为下述真理是不言而喻的）这句话其实也是在表示，并不是殖民地居民发现了这些真理，而是这些真理本来就存在，并且作用于这些殖民地居民。

简而言之，杰斐逊在《独立宣言》中三次操纵文字。其中两次并不起眼，也没有什么超乎寻常之处，以至于读者可能根本不会注意到他是有意为之。在第二部分，杰斐逊将"英王乔治三世"作为每个句子的主语/话题，并把他描绘成拥有自由意志的行为主体；在第三部分中，杰斐逊将"殖民地居民"作为行为主体。

为了让第一部分的论证更有力,杰斐逊将殖民地居民描写成受强大力量迫使,因此不得不采取这些行动的人。而《独立宣言》中唯一提到的强大力量是造物主,即上帝,那么就隐晦地表明了造物主就是那股迫使他们 constrains them to alter their former systems of government(不得不改变政府制度)的力量。杰斐逊并没有明确地说出来,更没有进行辩护,而是通过操控句子的语法表达了这个观点。

《独立宣言》之所以成为一部庄严的文献,其背后的原因远不止语法与文风。这部宣告美国建国的文献奠定了这个国家的基本价值观,而这些价值观至今捍卫着人民的自治权力。

但我们也不应忽视杰斐逊的修辞功力,特别是他天才的文风。他创造出了一种无懈可击的论证逻辑为美国的独立辩护,游刃有余地操控(管理/揉搓/编织,随你怎么叫)语言进行说理,而你在泛读时很难发现这一点。

当然,有人会指出,崇高的目标不能掩盖论证中的问题,并认为杰斐逊用了欺骗手法,利用语言而非逻辑来建立其论点的关键前提:殖民地居民别无选择;他们除了反抗,无路可走。

归根到底,这是伦理道德层面的问题。我们是否信任那些不仅通过明确的逻辑论证,还通过隐蔽的行文风格来操控读者反应的写作者?我们可能会对那位汽车召回信的作者表示"不信任",因为几乎可以确定的是,这封信是在有意地欺骗读者。但我们或许会对杰斐逊表示"信任",只要我们认同手段正当可以通过目的是否正当来决定,不过,伦理道德上通常是不接受这种观点的。

"优秀"的写作

最后,我们应当如何判定哪些写作能被视为"优秀的"呢?是那种即使没能达到目的但是做到清晰、优雅且坦率的写作?还是那种不顾诚信和不择手段而完成的写作?既然优秀可以意味着合乎伦理的又可以意味着讲究实效的,这就给我们带来了一个难题。

我们可以根据道德写作原则第一条来解决这个难题:

We are ethical writers when we would willingly put ourselves in the place of our readers and experience what they do as they read what we've written.

如果我们愿意把自己放在读者的位置，并去体验他们阅读我们的作品时会做的事情，我们就是有道德的作家。

当我们把自己想象成读者去照顾他们的感受时，我们会多一些负担。

如果在学术或专业领域有了一定积累后，你应当了解写作模糊可能导致的后果。如果你的大学生活开始没多久，你可能会想，这一切关于清晰、道德和民族精神的讨论只是纸上谈兵。此时，你在写作时能凑满三页纸就心满意足了，完全不会担心写作风格。你使用的教科书也已被修订了很多遍，上面的字句对于学生来说都十分清晰明了。因此到目前为止，你可能还没碰到很多不负责任作者的晦涩写作。但你迟早会领教。

也有人会想，为什么要如此刻苦学习写作呢？现如今大多数人的文笔都不怎么样，哪怕写作者写得不好也能混下去。对此，有经验的读者知道，你总有一天会明白，文风清晰优美的作家少之又少，若我们能找到几个，那真是一件让人感激涕零的事。而且他们的价值是不会被忽略的。

我也知道，打磨出一个精美的句子或段落能给写作者带来乐趣。这种道德上的满足不仅仅体现在写作中，在我们做的每件事中都有体现：比如当我们很好地完成一份工作时就能体会到那份愉悦，不论做什么样的工作，或是被什么样的人注意到。哲学家阿尔弗雷德·诺斯·怀特海就曾以一种清晰明了、简洁优美的方式表达过这样的观点。他认为任何艺术或职业中都存在一种风格意识，当我们以最经济的方式且有计划地实现时，就会获得美学甚至是道德上的赞赏。

The administrator with a sense for style hates waste; the engineer with a sense for style economises his material; the artisan with a sense for style prefers good work. Style is the ultimate morality of mind.

——Alfred North Whitehead, "The Aims of Education"

拥有风格意识的管理人员讨厌浪费;拥有风格意识的工程师懂得节约材料;而拥有风格意识的工匠懂得欣赏优秀的作品。风格是人类心灵的终极美德。

——阿尔弗雷德·诺斯·怀特海《教育的目的》

索引[*]

B. 席费林	Schieffelin, B.	133
C. 赖特·米尔斯	Mills, C. Wright	2
E. 奥克斯	Ochs, E.	133
F.H.C. 克里克	Crick, F. H. C.	91
H.L. 门肯	Mencken, H. L.	6
J.D. 沃森	Watson, J. D.	91
T.S. 艾略特	Eliot, T. S.	44
阿尔弗雷德·诺斯·怀特海	Whitehead, Alfred North	150
埃兹拉·庞德	Pound, Ezra	128
爱德华·吉本	Gibbon, Edward	121
巴克纳姆·麦克皮克	McPeek, Bucknam	30
被动语态	Passive voice	2, 146
被动语态动词	Passive verb	50, 134
本杰明·富兰克林	Franklin, Benjamin	34
彼得·盖伊	Gay, Peter	122
必要的繁复	Complexity: necessary	138–139
避免干扰	Distractions, avoiding	41–43
表示转折的从句	Expected causes, clause for	15
不协调的平衡	Uncoordinated balance	117
查尔斯·达尔文	Darwin, Charles	56
陈述解决方案	Stating the solution	63–64
成对出现的单词	Paired words	84

[*] 索引项分两级,第二级索引项中的波浪线(~)指代上一级索引项。比如,"医学~"即为"医学用语"

抽象概念：充当角色	Abstracton：as characters	23 – 25
打草稿	Drafting	5
代词替换和省略	pronounsubstitution and ellipsis	51
黛博拉·塔内	Tannen, Deborah	88
导入性从句	introductory clause	98
道德写作原则	Ethical writing, principles of	149 – 150
道格拉斯·查德威克	Chadwick, Douglas	3
叠加的从句	Tacked-on clauses	107
动宾连接	verb-object connection	99 – 100
动机	Motivation	56 – 69
动作：用抽象名词（表现）	Actions：in abstract nouns	9 – 10
独立宣言	Declaration of Independence	142 – 143, 147 – 148
诊断和修改：话题	Diagnosis and Revision：Topics	40 – 41
咄咄逼人的风格	Aggressive style	92 – 93
法律腔	Legalese	2
法律文件	Legal documents	2
法律用语	Language, of law	3
医学～	～of medicine	3
自然科学～	～of science	3
否定词	Negative words	87 – 88
弗雷德里克·杰克逊·特纳	Turner, Frederick Jackson	126
弗雷德里克·莫斯特勒	Mosteller, Frederick	30
负责任的作者	Responsible writers	132
复合名词	Compound nouns	32 – 33
复指式修饰语	Resumptive modifiers	104
副词	Adverbs	88, 90, 111
副词和介词短语并列	Coordination：adverb with a prepositional phrase	111
平衡～	balanced～	115 – 117
多级～	multiple～	107
改写	Rewriting	5 – 6, 14, 41

概念问题	Conceptual problems	62–63
共同语境	Shared context	58–59
固定写作模式	Cookie-cutter writing	81
官腔	Bureaucratese	2
赫伯特·里德爵士	Read, Herbert, Sir	94
后设论述	Metadiscourse	30, 41, 47, 89–90
简单动词	Simple verbs	2
简单主语	Simple subjects	8–10, 20–22
简洁的原则	Concision, principles of	83–88
交错配列法	Chiasmus	122
介词短语	Prepositional phrase	100
句子的话题	Topic of a sentence	39–40
句子结构平衡	Balanced sentence structures	115–119
"客观的"被动语态 vs. 我/我们	"Objective," Passive vs. I/We	29–30
刻意误导	Intended Misdirection	134
肯定形式	Affirmatives	87–88
连贯	Coherence	71
连接	Connections	15
主谓~	subject-verb~	99
不清晰的~	unclear~	111–112
动宾~	verb-object~	99–100
列夫·托洛茨基	Trotsky, Leon	128
路德维希·维特根斯坦	Wittgenstein, Ludwig	7
迈克尔·克莱顿	Crichton, Michael	3
名词化结构	Nominalization	12–13, 33, 88
名词化内容	Nominalizations	98
内容庞杂而又晦涩难懂的文字	Dense writing	3, 7, 11
诺曼·梅勒	Mailer, Norman	130
平行结构	Parallelism	108, 110, 120
前奏	Prelude	64–66
强调语	Intensifiers	92

乔伊斯·卡罗尔·欧茨	Oates, Joyce Carol	124
乔治·奥威尔	Orwell, George	2
清嗓子	Throat-clearing	41
清晰写作	Clarity, in writing	1-2, 6
～原则	principle of～	8-9, 78-80
有害的～	subversive～	139-140
缺席的角色	Character(s): absent	22-23
诊断和修改：～	diagnosis and revision:～	21-22
～的重要性	the importance of～	19-20
萨默塞特·毛姆	Maugham, Somerset	114
实际问题	Practical problems	61-62, 64
史丹利·阿诺维兹	Aronowitz, Stanley	139-140
思维障碍	Thought disorders	33
汤姆·戈德斯坦	Goldstein, Tom	3
条件从句	Conditional cause, clause for	15
童话故事和学术写作	Fairy tales and academic writing	10-11
统一原则	Unifying principles	109
托马斯·德·昆西	De Quincey, Thomas	70
托马斯·杰斐逊	Jefferson, Thomas	141
温斯顿·丘吉尔	Churchill, Winston	120-121
文献综述	Literature review	59
沃尔特·李普曼	Lippmann, Walter	115
无意识的隐晦	Unintended Obscurity	133
无意义的词	Meaningless words	83
先简单，后复杂	Simple-before-complex	101
衔接和连贯	Cohesion: vs, coherence	38
限制语	Hedges	90-91
小红帽	Little Red Riding Hood	8
协调的平衡	Balanced coordination	115-117
写作不清晰的原因	Causes of Unclear writing	4
形容词	Adjectives	88, 90
修改策略	Tactical revisions	49

修饰语指代不明	Ambiguous modifiers	112 – 113
修饰语指代不明	Ambiguous Modifiers	112
悬置的～	Dangling～	113
自由式～	Free～	105
重复性～	Resumptive～	104
总结性	Summative～	105
悬垂式修饰语	Dangling modifiers	31
悬置从句	Suspended clauses	124
学术腔	Academese	2
学术写作	Academic writing	2, 30, 91
伊萨克·牛顿爵士	Newton, Sir Isaac	32
伊娃·霍夫曼	Hoffman, Eva	106
导语：总结	Introduction：conclusions for	68 – 69
诊断和修改：～	diagnosing and revising：～	66 – 67, 80 – 81
～的一般方案	general plan for～	65
陈述问题	Stating the problem	60 – 63
优秀的写作	Good Writing	149
优雅：平衡和对称	Elegance：balance and symmetry	115 – 119
奢华的～	Extravagant～	124 – 127
交错配列法	Chiasmus	122 – 123
扣人心弦的强调	Climactic emphasis	120 – 124
由短到长的原则	Short-to-long, principle of	108 – 109
约翰·F.肯尼迪	Kennedy, John F.	6
约翰·P.吉尔伯特	Gilbert, John P.	30
约翰·杜威	Dewey, John	56
杂乱无章	Sprawl	95 – 96
修改～	Reshaping	102
詹姆斯·法洛斯	Fallows, James	123
诊断句子	Diagnosing a sentence	13, 40 – 41
～一个长句	～a long sentence	101
重读部分	Stress position	47

主动语态和被动语态	Active voice vs. passive voice	25-26
主谓连接	subject-verb connection	99
主语	Subject	12-13
转移	Shift	50
自由式修饰语	Free modifiers	105-106
总结式修饰语	Summative modifiers	105
作者和读者的道德责任	Ethical responsibilities, of writers and readers	132-138

图书在版编目（CIP）数据

文风优雅：让写作清晰优雅的11堂课 / (美) 约瑟夫·M.威廉姆斯 (Joseph M.Williams)，(美) 约瑟夫·毕祖普 (Joseph Bizup) 著；赵政廷译. — 上海：上海教育出版社，2022.11
（象牙塔之旅. 学术写作指导丛书）
书名原文：Style: The Basics of Clarity and Grace (Fifth Edition)
ISBN 978-7-5720-1542-7

Ⅰ.①文… Ⅱ.①约…②约…③赵… Ⅲ.①论文–写作 Ⅳ.①H052

中国版本图书馆CIP数据核字(2022)第152865号

Authorized translation from the English language edition, entitled STYLE: The Basics of Clarity and Grace5e by Joseph M.Williams, Joseph Bizup, 9780321953308, published by Pearson Education, Inc, Copyright © 2015by Pearson Education, INC.
本书英文原版的翻译获得Pearson Education, INC.的授权。

All rights reserved. No part of this book may be reproduced or transmitted in any form or by any means, electronic or mechanical, including photocopying, recording or by any information storage retrieval system, without permission from Pearson Education, Inc.
版权所有，盗版必究。未经Pearson Education, INC.许可，不得以任何方式复制或传播本书的任何部分。

CHINESE SIMPLIFIED language edition published by SHANGHAI EDUCATIONAL PUBLISHING HOUSE CO., LTD, Copyright ©2022.
本书中文简体字版由上海教育出版社有限公司出版。

本书封面贴有Pearson Education（培生教育出版集团）激光防伪标签。无标签者不得销售。

责任编辑　钟紫菱
策划编辑　周　晟
封面设计　金一哲

象牙塔之旅. 学术写作指导丛书
文风优雅：让写作清晰优雅的11堂课
[美] 约瑟夫·M.威廉姆斯
[美] 约瑟夫·毕祖普　著
赵政廷　译

出版发行	上海教育出版社有限公司
官　　网	www.seph.com.cn
地　　址	上海市闵行区号景路159弄C座
邮　　编	201101
印　　刷	上海展强印刷有限公司
开　　本	640×965　1/16　印张 15.25　插页 1
字　　数	220 千字
版　　次	2022年11月第1版
印　　次	2022年11月第1次印刷
书　　号	ISBN 978-7-5720-1542-7/G·1232
定　　价	49.00 元

如发现质量问题，读者可向本社调换　电话：021-64373213